01 发展历程

▲ 1969年，青岛无线电二厂成立，海信从这里萌芽

▲ 1984年，引进世界一流彩电生产线，第一代青岛牌彩色电视机问世，仅用3年实现彩电国产化

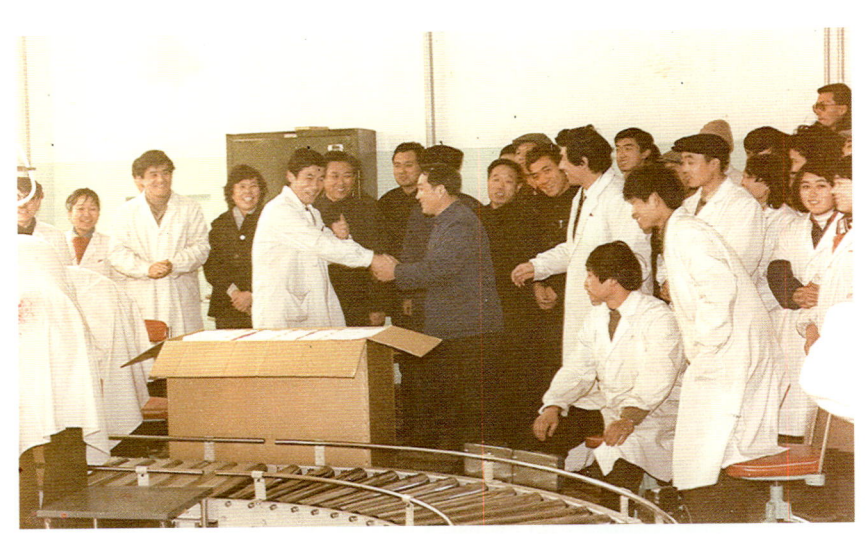

▲ 1984年12月,第一台青岛牌彩色电视机走下线体

▲ 1985年,以青岛无线电二厂为主体,与电子元件八厂、市南纸箱厂、重工具厂四个单位组成的"青岛电视机总厂"改名为"青岛电视机厂",其主要技术、经营指标列全省电子业、全国电视业第一位

▲ 2014年，位于崂山蓝色硅谷的海信新研发中心正式启用，中心参考世界一流企业经验高标准建造，建筑面积44.3万平方米，极大改善了研发人员的工作环境

▲ 2024年，海信新的全球总部基地——海信国际中心

02 质量为先

▲ 1987年，周厚健领取奖杯并载誉归来

▲ 海信三获国家质量奖

▲ 海信荣获2023年全国质量标杆

▲ 海信多次获得中国质量协会质量技术奖

03 技术立企

▲ 2005年6月,中国第一块拥有自主知识产权并实现产业化的数字视频处理芯片——"信芯"在海信诞生

▲ 2014年,海信推出了自主研发的ULED显示背光技术,正式开启了改变"视界"的道路

▲ 2014年，海信推出全球首款自主研发的100英寸超短焦激光电视，实现激光电视里程碑式的突破，锁定了下一代显示技术的竞争主动权

▲ 2020年10月，海信超声新品发布会

▲ 2020年10月,海信集团*以最高礼遇集会,对成功自主研发出海信HD60"泰山"系列超声产品并高质量上市的研发团队进行隆重表彰并宣读嘉奖令

▲ 2022年1月,海信正式发布中国首颗全自研8K AI画质芯片

* "海信集团"特指海信集团控股有限公司及其所属公司。

04 资本运作

▲ 2005年9月，海信以6.8亿元的对价收购了科龙

◀ 2018年2月，海信收购日本东芝电视，15个月之后扭亏为盈

▲ 2018 年 8 月，海信收购欧洲家电巨头 gorenje，18 个月后扭亏为盈

▲ 2021 年 5 月，海信完成收购日本三电控股株式会社的股权交割手续，持有约 75% 表决权，正式成为三电控股的控股股东

05 品牌建设

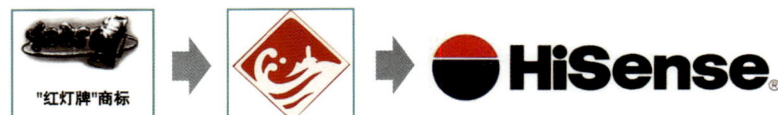

1969年—1979年　　1979年—1994年　　1994年—2000年

2000年—2013年　　2013年至今

▲ 海信商标演进史

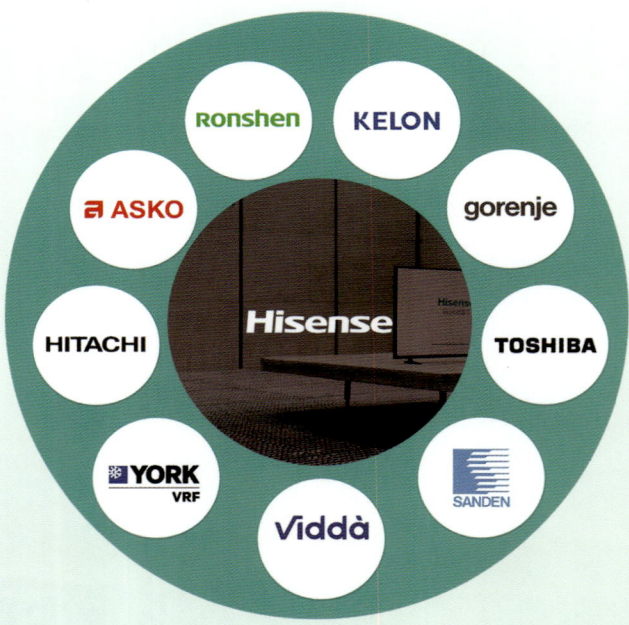

▲ 海信的品牌矩阵*

* 日立（HITACHI）、约克（YORK）、东芝（TOSHIBA）为品牌方授权生产。

06 全球布局

▲ 1996年10月，海信南非公司成立，跨出国际化的第一步，实现产供销一体化。目前，海信南非工业园雇用了约700名当地员工，占员工总数的90%以上，并创造了4000多个间接就业岗位

▲ 研产销的全球化布局

▲ 融入本地，构建人类命运共同体

07 体育营销

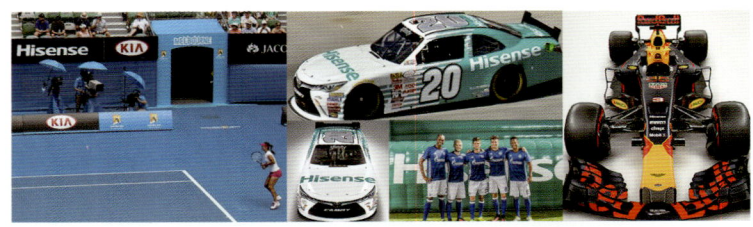

▲ 2008 年，海信开始试水体育营销，先后赞助澳网场馆、澳网公开赛、F1 路特斯车队、F1 红牛车队，连续 3 年赞助美国纳斯卡汽车系列赛，赞助德国沙尔克 04 俱乐部

▲ 2016 年，海信赞助法国欧洲杯，成为欧洲杯历史上第一位来自中国的顶级赞助商

▲ 赞助 2018 年俄罗斯世界杯和 2020 年欧洲杯

▲ 2022 年 12 月，海信作为官方赞助商，在卡塔尔世界杯打出"中国制造，一起努力"的广告语。从 2016 年开始，海信接连赞助欧洲杯和世界杯，成为中国唯一一家连续赞助 5 届世界级赛事的企业

08 社会责任

▲ 2023年5月,《财富》中国ESG影响力榜揭晓,海信凭借在技术研发、生产制造、供应链伙伴选择等领域的优异表现,连续第二年成功入选

▲ 2023年10月,在中央广播电视总台ESG中国论坛创新年会上,海信集团因积极践行ESG发展理念,入选中国年度ESG卓越实践30强

09 企业文化

▲ 2019年10月，青岛国信体育馆举办海信50周年庆典晚会

▲ 2022年3月，海信集团在海信大厦一楼举办"信印"标志揭幕活动，表达了海信对"诚信"的至高尊崇

▲ 2023年5月,海信集团董事长贾少谦面向集团核心干部发起"变革中海信人的坚守——信印计划"培养项目,聚焦变革下的文化坚守与传承

▲ 2023年12月,海信集团举办第七届研发创新成果展,通过打造创新场域,塑造创新文化

10 管理创新

▲ 2022 年 11 月，海信荣获 2022"拉姆·查兰管理实践奖"

▲ 2023 年 9 月，海信获得"纪念彼得·德鲁克中国管理奖"

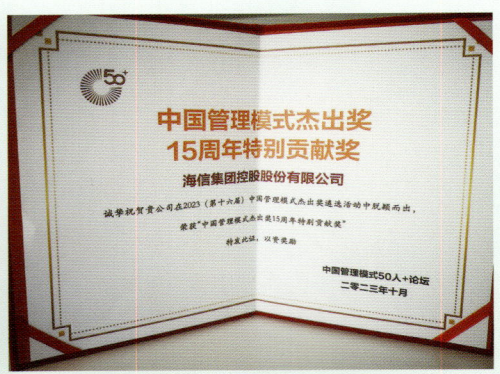

▲ 2023 年 10 月，海信荣获"中国管理模式杰出奖"

企业的价值坐标

立信百年的海信追求

马宝龙 单宇 ◎ 编著

周厚健 贾少谦
·总顾问·

中信出版集团｜北京

图书在版编目（CIP）数据

企业的价值坐标：立信百年的海信追求 / 马宝龙，单宇编著 . -- 北京：中信出版社，2024.5
ISBN 978-7-5217-6283-9

Ⅰ.①企… Ⅱ.①马…②单… Ⅲ.①电气工业－工业企业管理－经验－青岛 Ⅳ.① F426.6

中国国家版本馆 CIP 数据核字 (2023) 第 251514 号

企业的价值坐标——立信百年的海信追求
编著：马宝龙　单宇
出版发行：中信出版集团股份有限公司
（北京市朝阳区东三环北路 27 号嘉铭中心　邮编　100020）
承印者：嘉业印刷（天津）有限公司

开本：787mm×1092mm 1/16　　印张：16.25　　字数：166 千字　　彩插：8
版次：2024 年 5 月第 1 版　　印次：2024 年 5 月第 1 次印刷
书号：ISBN 978-7-5217-6283-9
定价：65.00 元

版权所有·侵权必究
如有印刷、装订问题，本公司负责调换。
服务热线：400-600-8099
投稿邮箱：author@citicpub.com

建百年海信，成为全球最值得信赖的品牌

/ 推荐语 /

宁高宁

著名企业家

半个多世纪以来，海信秉承着"技术立企，稳健经营"的战略理念，走出了一条稳健向上的增长曲线，在全球范围内赢得了尊敬。《企业的价值坐标——立信百年的海信追求》是对海信价值坚守与追求的深入诠释，对于理解企业如何在变革中坚守原则，如何在不确定性中寻找成长机会，提供了极具价值的视角。它不仅是海信最为宝贵的文化财富，更是一本企业发展的智慧之书。对所有在不断变化的市场环境中寻求稳健发展之道的企业家和管理者而言，这本书无疑具有重要的借鉴意义。

秦朔

著名财经观察家，"秦朔朋友圈"发起人

  在这个充满挑战和变化的时代，海信如何能够在激烈的市场竞争中不断成长并取得值得瞩目的成就？《企业的价值坐标——立信百年的海信追求》为我们提供了深刻的答案。这本书不仅诠释了海信在企业治理、战略管理和企业文化建设方面的深入实践，还深刻揭示了海信如何在不确定性环境下坚持其核心价值观，从而成为中国商业文明的宝贵财富。这本书也为所有企业家和管理者提供了宝贵的启示，指引我们在动荡的商业海洋中确立不变的灯塔，引领企业行稳致远。

赵曙明

著名管理学者，南京大学商学院名誉院长

在探讨企业成功的关键因素时，不得不提到核心竞争力的构建，这是企业发展的重要问题。不管是技术、市场还是渠道优势，都可以成为企业的核心竞争力。但在长期的市场竞争中，企业真正的核心竞争力却体现在价值观的先进性。作为企业的"护城河"，价值观决定了企业能够走多远，任何公司要想在激烈的竞争中生存下去并不断取得进步，必须有一套可靠的核心思想，并把这套核心思想作为所有决策和行动的前提。《企业的价值坐标——立信百年的海信追求》深度诠释了支撑海信穿越周期的价值信仰，解开了驱动海信持续增长背后的文化密码，也展现了以周厚健为代表的企业家精神在企业经营改革中的重要驱动作用。对那些希望深入理解中国式管理和长期主义价值，以及希望将其融入实践的企业家和管理者而言，这本书是一份不可多得的珍贵财富。

大转变时期,最重要的事情就是确认那些不变的基础与原则。

——**彼得·德鲁克**[1]
《管理:使命、责任、实务》

---

1 彼得·德鲁克(1909—2005),法兰克福大学博士,纽约大学管理学教授,著名管理学专家。著有《卓有成效的管理者》等30余部作品,被誉为"现代管理学之父"。

/ 目录 /

序　　言　周厚健 / XXIII

写在前面的话　贾少谦 / XXV

第一篇 · 海信的风清气正

第 1 章　诚实正直

一　诚实

1.1　诚信，是海信写进名字里的承诺 / 005

1.2　人无信不立，业无信不兴 / 006

1.3　作风不正将危及企业长期发展 / 008

1.4　撒谎、造假不仅是品质问题，更能置企业于死地 / 010

1.5　讲实话、做实事、报实数、求实效 / 012

1.6　保证经营数据的真实性，拒绝虚假浮夸 / 013

1.7　不敢造假、不能造假与不想造假 / 014

一 正直

1.8 坚守"风清气正"的组织氛围 / 016

1.9 警惕企业文化庸俗化 / 017

1.10 "好人主义"是品质问题 / 018

1.11 以权谋私，最终损害的必定是企业的利益 / 020

1.12 严禁拿企业的大钱换个人的小钱 / 021

1.13 不提倡越级指挥，但坚决支持越级反映问题 / 022

1.14 员工要大胆监督，让那些做得不到位的干部下来 / 023

第 2 章 务实创新

一 务实

2.1 从卓越变差，第一条原因就是"轻狂傲慢" / 027

2.2 吹牛炒作，是在自掘坟墓 / 028

2.3 官僚作风和形式主义应该成为齐声喊打的"过街老鼠" / 029

2.4 干部麻木和缺乏紧迫感，很可能导致企业起个大早却赶个晚集 / 030

2.5 失去执行力，就失去了企业长久生存和成功的
必要条件 / 031

2.6 大企业不能迷信权威，而是要靠条例和文化
来管理 / 032

2.7 思路要变成方法，方法要落实到行动 / 033

2.8 在约定的时间内用正确的方式做正确的事 / 035

2.9 认真做好每个细节，伟大则不期而至 / 035

━━ 创新

2.10 创新是海信发展的源泉，文化是创新的魂 / 037

2.11 树立创新意识，放手让员工进行创新 / 039

2.12 持续经营的思想是开展好创新工作的前提 / 040

2.13 踏实能成就一个不错的企业，但仅靠踏实不能
成就一个伟大的企业 / 041

2.14 试错和容错是企业对待创新的态度，不是给消费者的
理由 / 042

2.15 变革要"眼睛向外，刀尖向内" / 044

2.16 变革绝不是头疼医头、脚疼医脚 / 044

2.17 要改变，先应找到不变的东西 / 045

2.18 研发创新要依靠建好体系、建好机制 / 046

2.19 管理创新是让效果更好、效率更高 / 047

第二篇·海信的经营理念

第 3 章　用户至上

3.1　做企业都应遵循一个思维，就是市场经济思维 / 053

3.2　企业的根本是满足用户需求、创造用户需求 / 054

3.3　优质用户是企业最重要的"表外资产" / 054

3.4　当企业利益和用户利益冲突时，一定将用户利益放在前面 / 055

3.5　一切工作都要想到用户而不是任务 / 056

3.6　技术追求的是用户喜爱的差异化 / 057

3.7　技术和用户之间是支撑关系而非对等关系 / 057

3.8　赢得更多推荐型用户，用重复购买率描述企业经营风险 / 058

3.9　衡量好产品的唯一标准是用户满意 / 060

3.10　避免被埋葬的方法是在用户体验上下功夫 / 060

3.11　践行用户至上的营销原则：价值营销十纲领 / 061

3.12　寻求与优质渠道客户合作 / 065

3.13　做好品牌是为了活得更好、活得更长 / 065

3.14　品牌的意义是通过占有用户心智，影响其消费欲望 / 066

第4章 永续经营

━━ 做精

4.1　不要为了做大而盲目扩张 / 071

4.2　不要为了规模而不顾风险 / 073

4.3　盲目地扩张是搬起石头砸自己的脚 / 073

4.4　警惕"实业空心化"和"主业沙漠化" / 074

4.5　找到提高的内容，才有可能形成高水平的扩张 / 076

4.6　用专注和永不盲从应对外界的变化 / 077

4.7　已有的条件是"长项"，业务选择要有"精"的意识 / 078

4.8　不仅要推高端产品，更要树高端意识 / 079

4.9　"做好"是"做快"的前提 / 080

━━ 做久

4.10　"逢事先考虑长期"必须成为企业的价值观 / 082

4.11　未雨绸缪，才能吉星高照 / 084

4.12　要做百年老店而不是百年小铺 / 084

4.13　今天的积累昭示着明天的利润 / 085

4.14　抓长期工作与追求指标没有冲突 / 086

4.15　"扶油瓶"和"做架子"要分开 / 087

4.16 产业结构调整是"饭"更是"命" / 088

4.17 不关注新产业的投入和发展，唯一的结果就是被淘汰 / 090

4.18 时刻保持危机意识 / 091

4.19 过去的成功策略如果不实时调整，很可能就会约束、限制企业的发展和竞争力 / 092

4.20 底线思维就是做最坏的打算，往最好处努力 / 092

4.21 企业家是乐观主义者，而非机会主义者 / 093

第三篇·海信的战略坚守

第 5 章　质量为先

5.1 质量为先，是海信刻在骨子里传承发扬的经营理念 / 099

5.2 产品质量就是企业诚信的载体 / 099

5.3 质量是企业的生命 / 100

5.4 谁砸了海信的质量口碑，我们就应坚决砸掉谁的饭碗 / 101

5.5 质量是典型的长期利益 / 102

5.6 能让市场记住企业和品牌的只有质量 / 102

5.7 品质没有折扣，质量没有讨价还价 / 104

5.8 质量事故，对企业来说是致命的伤害 / 105

5.9 切勿因短期利益去冒质量风险 / 107

5.10 研发质量是产品质量最重要的源头 / 108

5.11 "降成本"概念转变为"讲成本"概念，来保证产品质量 / 109

5.12 质量是一把手工程 / 110

5.13 质量事故必须按照"四不放过"原则处理 / 111

5.14 对于质量，一把手必须亲自抓好三件事 / 112

5.15 质量考核要铁面无私 / 113

5.16 质量问题是全员管理，质量标准必须人人清楚 / 114

5.17 保证质量是研发人员技术水平的体现 / 115

5.18 海信质量管理七条军规 / 116

第6章 技术立企

6.1 技术立企是海信一直秉承的长期发展战略 / 123

6.2 技术是海信最坚实的护城河 / 124

6.3 技术是实现产品和其价值的根本能力和手段 / 124

6.4 "技术领先"是市场竞争取胜的前提条件 / 126

6.5 核心技术是桶底，其他进步因素是桶帮 / 126

6.6　武器不行就不要打仗，产品不行就不要干企业 / 127

6.7　产品研发脱离公司管理，必定给企业造成损失 / 128

6.8　合理分配短期研发、长期研发资源，始终坚持追求研发深度 / 129

6.9　寻求与优秀企业的合作，是我们缩小差距的有效方法 / 131

6.10　寻求可持续发展，必须坚持自主创新不动摇 / 132

6.11　"研发深度"不是"深度研发" / 133

6.12　研发的价值是为了上市 / 133

6.13　技术开发不要花两份钱干一件事 / 134

6.14　只做二次研发，企业生命力不会强 / 135

6.15　研发数据保密工作做不好，将给企业带来生存危机 / 135

第 7 章　稳健经营

7.1　用户是第一稳健，财务是第二稳健 / 139

7.2　稳健不代表保守，是兼顾企业近利与发展统一 / 139

7.3　涉猎新的产业，要先用子弹，不要用炮弹 / 140

7.4　资金安全直接关系到海信的生存 / 141

7.5　资金管理要上升到"经营革命" / 142

7.6 要从资金的角度去看待、分析每一个业务环节 / 143

7.7 "降低资金占用，加速资金周转"要从计划抓起，
从流程抓起 / 144

7.8 危机之下决定企业生死的是现金 / 145

7.9 挖利润不是竭泽而渔、杀鸡取卵 / 146

7.10 "坏利润"是毒品，一旦迷恋就没有未来 / 147

7.11 财务是透明管理，不能掩盖任何问题 / 149

7.12 财务必须深入业务，不是总经理交代什么才做什么 / 149

7.13 财务不等于经营，会计不等于财务 / 150

7.14 费用是否该花，应以如果是自己的钱会不会
花来衡量 / 151

第四篇·海信的干部准则

第 8 章　干部的使命与责任

━━ 传承价值

8.1 坚守诚信，以身作则 / 157

8.2 保持正直，远离"小圈子" / 158

8.3 企业一旦出问题，首先是领导层面的问题 / 160

8.4 敦本务实，扼制官僚习气 / 162

8.5 敬人不是"心慈"，务实要先"当责" / 163

8.6 敢于创新，愿意承担风险 / 163

践行目标

8.7 唯实不唯上，以实现组织目标为己任 / 165

8.8 追求效益，咬住目标不放松 / 167

8.9 明确责任，领导只在三个时候是领导 / 168

8.10 快速响应，全心全意并立即行动 / 169

8.11 深入一线，识别、分析并解决问题 / 170

8.12 积极沟通，实现信息、任务的互通共识 / 173

构筑能力

8.13 保持危机感，不陶醉于过去的成功 / 175

8.14 完善管理体制，提升组织运营效率 / 176

8.15 干部要抓系统，而非抓细节 / 177

8.16 "快"不是越过程序，是要想办法缩短流程的周期 / 177

8.17 深入研究问题，优化企业管理流程 / 178

8.18 好的管理就是成本低而效率高 / 179

8.19 重视知识积累，沉淀组织经验和教训 / 180

━ 建设团队

8.20 培育下属，出成果的同时出人才 / 182

8.21 人岗匹配，把好钢用在刀刃上 / 184

8.22 慎用权力机制，勇于承担责任 / 185

8.23 激励机制是管人的根本机制，权力机制是辅助机制 / 188

8.24 "唯我独尊"将断送企业未来 / 189

8.25 重视学习管理，提升管理专业性 / 190

8.26 不做"老好人"，淘汰人是"责任心" / 192

第 9 章　干部的品格与精神

━ 敬人

9.1 敬人是海信企业文化精神的核心 / 195

9.2 能为企业增值的只有人 / 196

9.3 尊重员工既是企业的文化，又是做人的道德 / 197

9.4 干部要有宽广的胸怀，一切从工作出发 / 199

9.5 鼓励与批评绝不冲突 / 201

二 敬业

9.6　努力是一种文化，自始至终不能搞混乱 / 202

9.7　做使命型干部，而不是任务型干部 / 203

9.8　干部必须往前站，不能做鸵鸟 / 204

9.9　干部不服从分配，先打辞职报告 / 206

三 求真

9.10　只会听领导话的干部绝对不是好干部 / 207

9.11　"干而不思"本质是假勤奋、真懒惰 / 208

9.12　怕犯错而拒绝变革的干部都是不合格的 / 209

9.13　干部要想着做正确的事，而不只是正确地做事 / 210

四 自省

9.14　倡导批评与自我批评、自我反省的企业文化 / 212

9.15　持续反思，树立自我批判意识 / 213

9.16　不把批评当作一种负担 / 214

第10章　干部的选拔与激励

一　干部选拔

10.1　选对人比培养人更重要 / 217

10.2　一把手的四个要求：逻辑、管理性格、凝聚力和学习能力 / 218

10.3　选拔干部，境界第一 / 218

10.4　"责任心"是选拔和任用干部的首要条件 / 220

10.5　干部要有认知力、行动力、创造力和引领力 / 220

二　干部激励

10.6　激励机制必须有奖有罚 / 223

10.7　让技术能人、高人的工资有充分的上升空间 / 224

10.8　没有不干的群众，只有不干的领导 / 224

10.9　人才不流动就易"腐朽" / 225

结语 / 227

参考资料 / 229

/ 序言 /

周厚健
海信集团终身名誉董事长

  海信所涉足的产业都具备高度的竞争性和不确定性的特点，在不确定的环境中，无法适应环境变化并做出调整的企业必将付出高昂的代价。然而，在快速调整变革创新的过程中，我们更应该坚守那些嵌入企业基因里"不应该变"的基础与原则。正如德鲁克所言，大转变时期，最重要的事情就是确认那些不变的基础与原则。

  对海信来说，这些年始终不变的核心就是对价值观的坚守，风清气正成就了今天的海信，支撑海信不断前行、不断提升。同时，海信始终将永续经营作为成就企业百年基业的战略追求，强调企业经营坚持长期主义，遵循发展规律，摒弃短视行为，不追逐不当利益，不追求错误目标。长期主义的基点是要确定企业的价值坐标，并将其作为处理管理基本矛盾与组织内外重大决策的评判依据和参照标准。"诚实正直、务实创新、用户至上、永续经营"是海信的核心价值观，是全体海信人判断事物依据的是非标准、遵循的行为准则，也是海信人必须始终坚持的价值坐标。

海信今天所取得的成就得益于一代又一代的海信人，他们前赴后继，始终保持勤奋和拼搏的激情，毫无保留地把自己的青春、汗水、泪水甚至健康一点一滴地汇入海信的大江大河。可以说，海信价值观凝聚着海信人最宝贵的财富。就像"病来如山倒，病去如抽丝"一样，我们要建立一种文化，需要漫长的时间，可摧垮这种文化却非常快。所以，我们需要把那些企业文化和管理中"确认不变的基础与原则"牢牢地固化下来。

价值观是决定企业生死存亡的根本，我们对价值观的坚持与否，将决定海信在未来到底能走多远。任何企业或组织都会在前进过程中遇到问题，但面对问题能否坚守正确的核心价值观决定了企业的走向和结果：沿着核心价值观指引的方向去抉择、反思、复盘，一定能找到正确的解决方案，否则，很可能会将企业带入风险。

/ 写在前面的话 /

贾少谦
海信集团董事长

　　海信作为一家成立于1969年的中国企业，从一个只有十几名员工的地方小厂，到全球知名的跨国企业集团，在半个世纪的发展历程中，真正支撑海信不断往前走、不断提升的最重要的东西，是海信在不确定中坚持的某些"确定性"，这些确定性既包含全体海信人发自内心认同和坚守的企业价值观，也包含我们在质量、技术、财务、人才等领域形成的核心业务思想，这些都是海信组织凝聚力、战斗力和创造力的来源。

　　2022年，海信集团围绕战略、组织、人才、流程开展了一系列的变革工作，未来变革也终将成为海信的常态。在变革的过程中，我们需要明确，海信在五十多年的发展过程中打下了良好的基础，积累了大量的可以传承的管理经验，这些好东西不仅不能变，相反要梳理并固化下来，这个根基不能动摇。因此，我在海信学院发起了"变革中海信人的坚守"的课题，目的就是要把海信应该坚守的价值观、管理经验、业务思想等梳理出来，让其显性化，并通过各种形式的学习、反思和实践，让各层级的海信人能够将其入脑、入心、入行，做到知行合一。

海信多年来跨越周期与各种不确定性的经验一再证明，海信价值观是我们坚定信心、拥有稳健驾驭能力的风向标，是激励无数海信人前赴后继、砥砺前行的支撑和底气。同时，也可以坚定地讲，海信能有今天，与诚实正直的企业文化、风清气正的组织氛围、"质量为先、技术立企、稳健经营"的发展战略、务实向上的干部作风密不可分。这些不仅仅是所有海信人对内对外必须遵守的准则，更是一代又一代海信人坚守的信仰与传承。

《企业的价值坐标——立信百年的海信追求》这本书是以周厚健董事长为代表的历代海信人为海信留下的最为宝贵的文化财富，也是奠定海信百年基业的精神支柱。希望所有海信人能铭记于心并身体力行，让海信价值观成为每个海信人的价值坐标，在不确定性中坚守确定性，让海信可持续发展的蓝图照进现实。

· 第一篇 ·

海信的风清气正

海信能够做到今天，能够做得比很多企业要好的原因是风气。

——**周厚健**
海信集团终身名誉董事长

第 1 章

诚实正直

诚实正直，是海信和海信人对内、对外的价值准则和行为标准，是海信第一位、根本性的价值观，既决定着海信的"家风"，又影响着外部对海信的信任和支持。"诚实正直"不仅是任何时候都不能丢掉的骨气，更是遇到问题时破局、突围、扭转的根本，顺境时持续快速发展的加速器。

　　海信要坚决做一家诚实的企业，树立一个毋庸置疑的诚实企业形象。这不仅是企业真正的实力，也是企业最根本的动力。不是大企业讲信用，而是讲信用成就了大企业。一旦一家公司或组织开始对上掩饰问题、粉饰业绩，对下侵害员工切身利益，这种不诚信行为一定会反作用于公司经营，并导致恶性循环；反之，恪守诚信、风清气正的公司，经营业绩一定坏不了，即使当下遇到波折或决策失误而暂时影响了业绩。

　　唯有诚实正直、实事求是地直面问题，不遮掩、不粉饰，才能快速找到解决办法，改变经营不善、业绩不佳的局面，也才能让经营好、业绩好的局面持续并好上加好；唯有诚心诚意服务好用户，才能留住用户（企业的衣食父母、持续经营的唯一保证），并不断拥有更多用户。

——周厚健
海信集团终身名誉董事长

诚实

> 诚实，是诚信之本，强调内部经营就是讲实话、报实数、做实事、求实效，实事求是暴露问题，不粉饰数据，直面并解决问题，为使命、目标追求结果和效果而不唯指标，内外部宣传要实事求是，力戒浮夸。

1.1 诚信，是海信写进名字里的承诺

诚信，即诚实无欺，讲求信用。只要对员工、顾客、投资者、合作伙伴、债权人、政府、社会等直接利益相关者坚守诚信，必将既益于企业相关者，也益于企业自身。20世纪90年代，企业失信于银行的事件频发，那时尽管海信规模很小，但从未失信于银行，哪怕是口头承诺。正是因为海信的守信，在2006年海信收购科龙时，青岛大银行的行长都

到了广东，毫不犹豫地予以支持，这给广东当地的银行以很大的震撼，这正是诚信带来的回报。

来源：《海信百年，信赖不变——周厚健董事长在45周年活动上的讲话（摘录）》，海信时代总第676期，2014.11.20.

1.2 人无信不立，业无信不兴

只有每一个员工时刻铭记诚信之重，坚守职业道德，才能拓宽企业的发展之路。只有以诚信之道行诚信之事，企业方能生生不息。

全体干部员工在坚守诚信上，应明是非、知荣辱，知敬畏、存戒惧、守底线，树立正确的业绩观，始终铭记正念、正行，践行海信核心价值观。要坚信跬步脚踏实地可至千里，小流万众一心可成江海。如此，定能共同建设一个以诚为基、以信为道、奋进自强、生生不息的海信。

来源：《对待造假，海信从来是也必须是零容忍》，有信，2021.08.05.

做一个诚实的企业和一个诚实的人，最终会得到社会的尊重。同样，在企业内部做一个诚实的人，最终会得到企业的尊重。企业诚信是企业中每个人诚信的总和，诚实正直的价值观必须落实在每个员工的言行之中，各级管理者更应该成为诚实正直的楷模。

来源：《周厚健董事长发表新年第一篇：重申"诚实正直"，再谈"讲实话、报实数、做实事"》，有信，2022.01.03.

企业的经营逻辑就是这么简单：只要赢得顾客的心，顾客就愿意接受你的服务，你就会获得他们的货币选票；同理，只要我们以同样的方式对待员工，员工就会以工作质量和效率的大幅提高来回报你；与你的供应商建立起信任的纽带，他们就会为你提供优良的物料和服务；如果让企业所在的地方自豪地认可你的存在，你就等于拥有了丰富的劳动力来源和客户群。"人而无信，不知其可。"在企业经营活动中不讲诚信的行为，即使有利于当前工作任务的完成和经营指标的改善，结果也必然是将企业推向坠落。不诚信交际是在积累企业风险，追求无德的利润实际是为企业未来埋下祸根。海信可以因无能而关门，但绝不要失信换来的"发达"。

来源：《海信百年，信赖不变——周厚健董事长在45周年活动上的讲话（摘录）》，海信时代总第676期，2014.11.20.

> "愚直地、认真地、专业地、诚实地"投身于自己的工作，长此以往，人就能很自然地抑制自身的欲望。此外，热衷于工作，还能镇住愤怒之心，也会无暇发牢骚，而且日复一日努力工作，还能一点一点提升自己的人格。
>
> ——稻盛和夫[2]
> 《干法》

1.3 作风不正将危及企业长期发展

干部、员工信口开河，"撒谎""造假"，究其原因，是干部作风出了问题。如果说外部复杂多变的环境与增长的不确定性让我们面临巨大挑战，那么上述内部问题就是我们自身的危机，它们动摇着海信"诚实正直"的核心价值观和"风清气正"的文化根基，如不能彻底扭转和根治，有的公司可能会慢慢倒下，有的公司甚至会轰然倒塌，海信的长期发展

---

[2] 稻盛和夫（1932—2022），日本著名实业家，日本京瓷（Kyocera）、第二电电（现名KDDI）创始人。著有《干法》《活法》等作品。

将被严重危及。

来源：《周厚健董事长：领导如果只抓一张表，而没有过程管理，就是助长干部说假话》，海信时代总第757期，2019.06.03。

  弄虚作假，虚报浮夸；急功近利，搞短期行为；掩饰纰漏，谎报实情；做表面文章，搞花架子。干部染上这些歪风邪气，会严重损害我们的事业，败坏企业的声誉。更为严重的是，这种弄虚作假的行为将会歪曲海信多年积淀的企业文化，一旦在干部队伍中蔓延，将造成员工判断是非标准的混乱，最终势必将海信葬送。

  我们对有关人员如此严肃地处理，目的只有一个：牢固树立实事求是的风气，确保经营中的问题能够被及时发现，并去及时纠正它；确保经营数据准确无误，能作为决策的依据。企业要认真严肃对待身边的浮夸造假行为，对财务数据、销售数据和工作中的问题，一旦发现造假行为要坚决处理，决不手软。

  造假现象主要是虚荣心和个人私利作怪，有的人或为了让上级领导高兴，或为了给公司争取好处，就不惜遮丑饰陋，以赢得领导的好感，最终满足自己的欲望。这里有一个很重要的客观前提——领导干部不深入实际，且喜欢听佳音、观佳景，于是，虚假行为就找到了滋长的温床。要杜绝这种现象，首先领导干部要严于律己。

来源：《周厚健董事长：讲实话、树正气》，海信时代总第406期，2004.06.30。

1.4　撒谎、造假不仅是品质问题，更能置企业于死地

　　粉饰、造假会导致错失及时部署、扎实提升的良机，如不能坚决遏制、扭转、肃清，则积重难返，势必滑向轰然倒塌、无可挽回的深渊。

　　撒谎、造假不仅是品质问题，更能置企业于死地。任何撒谎、造假行为都是在贻害企业。只要不造假，企业就不会陡然死掉；凡是陡然死掉的企业，无一例外都是缘于造假。我们不怕犯错误，因为我们可以改。但在所有的错误中，唯独造假没有改正的机会！因为，造假是在错了的情况下，用另一个错误来掩盖，周而复始地掩盖，就会面临一百个、一千个错误，最后便没有了纠正的机会。

　　我们可以容忍员工做错事，但决不容忍撒谎。任何造假行为都是坑害企业，干部对造假行为认识麻痹、态度暧昧，客观上都是纵容造假。这样的行为、认识和态度如不坚决肃清，就是放任造假温床的滋生，扩散下去，必将动摇海信

一直视为生命的诚信根基，摧毁的是整个企业的风气和竞争力。

对造假行为，企业从不也决不姑息，对造假者、懈怠者、袒护者，都应做出最严厉的处罚，警示所有人都必须视诚信为生命，心存敬畏。如果领导袒护造假行为，下面会有更多的人以造假为对策来获取领导对自己的好评，努力拼搏取得良好业绩的优良风气将毁于一旦。

来源：《周厚健董事长发表新年第一篇：重申"诚实正直"，再谈"讲实话、报实数、做实事"》，有信，2022.01.03.

> 如果你诚实而努力，想要确定所面临的现实情况，那么正确的决策往往会不言而喻。但若不首先诚实地面对现实，就永远不可能做出一系列的决定。
>
> ——吉姆·柯林斯[3]
>
> 《从优秀到卓越》

---

[3] 吉姆·柯林斯，著名管理专家。曾获斯坦福大学商学院杰出教学奖，先后任职于麦肯锡公司和惠普公司，著有《从优秀到卓越》《基业长青》等作品。

1.5 讲实话、做实事、报实数、求实效

讲实话，是要求大家反映或评价一项工作时，不管是自己的工作还是他人的工作，不管做得好，还是做得不好，不管是自己的责任，还是对方的责任，不管是关乎自己的工作，还是不关乎自己的工作，都要实事求是地讲，特别是对领导讲的时候。牢固树立实事求是的风气，确保经营中的问题能够被及时发现，并及时纠正，实事求是讲自己的责任。不愿意讲与自己无关的一些使企业受损失的事情，属于不讲实话。

做实事，是要求大家按照企业的需要和自己的工作责任，把事情办好办实，而不要去应付领导，去为任务而做，这种思路既误企业又误个人。

报实数，是要求大家把经营管理工作的实际数字反映出来，确保我们的经营数据准确无误，能作为我们决策的依据。报假数带来的恶果不计其数，美国安然、世界通信公司、施乐等，都是因造假而步入经营困境。报假数是为了虚荣和面子，不断用错误去掩盖错误，一错再错。当所有问题都来不及解决时，企业就面临倒闭了。只有牢记永远不去掩盖第一个错误，企业才能很好地存在下去。

讲实话、做实事、报实数，最终是为了求实效。这种工作作风是海信工作质量和经营效率的前提。只有实事求是，

才能做到以诚信立身，以诚信立企，赢得社会尊重。

来源：《讲实话，做实事，报实数——周厚健董事长在2002年经济工作会议上的讲话（节选）》，海信时代总第430期，2005.03.03.

1.6 保证经营数据的真实性，拒绝虚假浮夸

保证经营数据的真实性，是海信对干部的最基本要求。自20世纪90年代初起，海信要求会计数据不允许有任何的虚假成分，更不允许以任何方式粉饰成绩。对发生过的几起数据造假行为，即使相关总经理对海信做出过重大贡献，也都给予了免职的严肃处理。严肃对待，不仅保证了数据的真实性，更重要的是形成了正派的企业风气。当今，为了扩大企业知名度，为了取得好的销售业绩，夸大及虚假宣传比比皆是。但是海信明确要求，品牌传播与企业宣传应体现诚信原则，不论通过何种方式，不论以何种载体，均不能有任何虚假浮夸。在行业多发虚标产品指标时，海信要求各公司不管别人怎么做，禁止虚标产品能耗等各种指标。

来源：《海信百年，信赖不变——周厚健董事长在45周年活动

上的讲话(摘录)》，海信时代总第 676 期，2014.11.20。

1.7 不敢造假、不能造假与不想造假

"不敢造假"是前提，是指纪律、惩治、威慑要能让造假者付出惨重代价，让意欲造假、说谎者不敢越雷池半步。如果各级管理者都能严格要求、严格管理、严格自律，层层落实，何以有人胆敢造假？然而我们个别组织却出现了让员工不敢讲实话的恶劣情形：讲了实话的人员被其上级怪罪处理。如此工作作风带来的结果是，员工轻则选择性不说实情或者成了沉默的大多数，重则助纣为虐、说谎掩饰。

"不能造假"是关键，是指制度、流程、监督、约束，尤其是管理者深入现场对过程管控和对实际状态了解的程度，让胆敢造假者无机可乘。但我们很多问题长期得不到解决，文风会风不能根本改变，部门间推诿扯皮严重，一轮轮汇报，仍找不到、说不清根因，就是因为干部不深入现场，而只听层层修饰或掩饰后的汇报，然后再向上汇报。这样的工作作风就给了造假者可乘之机，为造假提供了环境和土壤。

"不想造假"是根本，是指认知、觉悟、文化，解决的是造假动机问题。树立以诚信为荣、以无信为耻的价值取向，才能从思想源头上消除造假、说谎之念。但认知、觉悟、文

化的形成，如果只靠领导喊、靠内部宣传而不能在主责部门和干部日常工作中体现，就是空中楼阁。如何体现？就是要定目标，定工作方案，闭环追结果。

来源：《周厚健董事长发表新年第一篇：重申"诚实正直"，再谈"讲实话、报实数、做实事"》，有信，2022.01.03.

正直

> 正直，强调一身正气做人，一丝不苟做事，在工作上廉洁自律、光明磊落、不拉帮结派、忠于职守、唯企业不唯领导。无论对内还是对外，都要信守承诺、言行一致。

1.8 坚守"风清气正"的组织氛围

多年来，海信一直致力于维护健康的上下级关系，打造风清气正的组织氛围，不搞小圈子，拒绝人际关系庸俗化，这为海信的健康发展涵养了源源不断的清流。这种简单不得逾越，这种纯净不得打破，这种氛围不得改变。

来源：《海信集团 2021 年度经营工作报告》，2021.02.

1.9 警惕企业文化庸俗化

如果不是按照向着企业的目标、企业的愿景、企业的方向去努力，在过程当中不遵循规则，不遵循原则，就会变得庸俗化。清正、廉洁、公正是领导干部必须有的东西。公正做不好，有时候不经意间就带出来帮派问题。一个组织里如果有了帮派，一定没有合力，没有合力的组织发展不好。

来源：2022 年 8 月，海信学院对周厚健董事长的采访。

保持企业文化纯净，维护上下级关系简单透明，这是海信持续发展的重要保证。下级对领导最好的"回馈"就是尽职尽责，领导对下级最好的"回馈"就是公平公正。

来源：《"警惕企业文化庸俗化"——周厚健董事长内部谈话引起大反响》，海信时代总第 698 期，2015.10.30.

有的干部把下级对自己过分的照顾看作是应当，比如，为其拎包、开车门，甚至我曾目睹上飞机时，年龄大的下属在为比自己年轻的领导忙碌着，好像如此摆谱，领导才能体现出权威。实际不然！利用职务是永远树不起一个人的威信的，只有取得大家的信任，才能有真正的威信。为领导拎包、开车门、过分地"伺候"领导等做法，有时并不是领导授意，但如果干部感到应当或默许这种做法，久而久之，会误导身边的员工揣摩领导的心思，投其所好，助长企业不良风气；这种风气也必然导致干部独断、员工盲从，会给企业内部氛围带来负面影响，会给接任者造成困难，从而破坏企业长期发展的人文环境。

海信的文化，鄙视利用职务权力，树个人权威，谋一己私利。海信的发展不允许干部身上存在这些现象，否则势必会逐渐侵蚀长期以来海信形成的良好作风和传统，破坏企业的文化氛围，挫伤员工的积极性，损害企业的利益。因此，我们的干部必须正确认识权力，抵制这些不良作风。

来源：《周厚健：干部如何正确使用权力》，海信时代总第 523 期，2008.06.03.

1.10 "好人主义"是品质问题

孔子曰"君子周而不比，小人比而不周"，意思是君子好团结，小人好勾结。换言之，有原则的团结才是君子所为，丧失原则的团结是小人所好，这种行为被视为"勾结"。海信要求干部从此种行为中严肃看待"好人主义"。

好人主义表现为在大是大非问题上不是原则为先，而是以人情为重，为了不得罪人，不愿意给下级压力，不是促其认识问题、自省纠错，而是宁可工作受阻，企业受损；面对给企业造成的损失，不揭示问题、不追究责任；明明看到别人的错误，却不能旗帜鲜明地"治病救人"；背后否定部属，当面却少有批评，不把丑话说在当面，让干部员工及时地自省自纠。好人主义也被讽为"老好人"，上不敢谏言领导、中不敢得罪同侪、下不敢丢掉"选票"。"老好人"本质上是用放弃原则，换来个人关系和得到个人"选票"，其实质是践踏企业利益，破坏企业风气，影响企业发展。

如果不摒弃好人主义作风，企业将正气渐弱，邪气上升，健康肌体被侵蚀，未来发展遭威胁。摒弃好人主义对海信的发展起到了极其重要的作用。"为官避事平生耻"，这是海信定下的干部标准和作风基调，是铁律。海信坚信在正派的风气下，员工对干部的评价主要是视其人品、业绩、态度和能力，丧失原则的"老好人"是无法将企业做好，无法带给员工福祉，更无法净化企业风气的，这些"老好人"最终也得不到高的评价。

来源：《周厚健董事长：50年，我们一起重温海信家风》，海信时代总第758期，2019.07.31.

好人主义的危害包括：腐蚀干部队伍，滋长官僚作风；废弛规章，淡散人心，松懈管理，助长扯皮；离间干群关系，抑制正气，助长歪风。说到底，好人主义是个品质问题。

来源：《好人主义是品质问题》，海信报（"海信时代"前身），1995.03.25.

> 清澈而单纯的心灵才能感受到正能量，而自私的心看见的只是复杂、混沌。
> ——稻盛和夫
> 《心》

1.11 以权谋私，最终损害的必定是企业的利益

个别干部不能正确认识并严谨行使权力，把权力当成个人捞好处的工具。如个别干部无视集团的三令五申，与供应商和合作客户保持不该有的密切关系，接受供应商和合作客户的非工作范畴的服务；甚至有的干部利用手中的权力接受、索要好处，利用手中的权力和掌控的业务给自己的亲朋好友承揽相关业务。凡此种种借工作之便为个人谋取利益的行为，

最终损害的必定是企业的利益。我们选拔干部、使用干部，首先要看其品质，一个干部如果没有良好的品质和职业操守，即使业务能力再强，我们也不会迁就，我们曾经严肃处理过在招标中违纪和接受供应商好处的干部。对于事实清楚的违纪干部决不姑息，对于给工作造成损失和在员工中形成不良影响的干部，尽管公司没有掌握其受贿、索贿等违纪违法事实，我们同样坚决不用。

来源：《周厚健：干部如何正确使用权力》，海信时代总第 523 期，2008.06.03.

1.12　严禁拿企业的大钱换个人的小钱

在海信，处理最严厉、"毫不留情、斩尽杀绝"的就是受贿。因为受贿是用企业"10"的利益换得个人"1"的利益。海信在处理人上，都会认认真真、仔仔细细考虑给其个人带来的损失有多大，但唯独受贿不是。所谓"斩尽杀绝"，就是不留余地，能"送进去的"都"送进去"。

来源：《在海信，只要做这件事就将被"斩尽杀绝"》，海信时代总第 732 期，2017.07.03.

1.13　不提倡越级指挥，但坚决支持越级反映问题

较长时间以来，干部队伍中有很多违反企业文化倡导的以及管理办法规定的做法和行为。员工怨气很大，我们却不能及时了解下面的问题（对员工评价办法不公，没有执行集团的考评和晋级规定的现象普遍存在）。同时，干部队伍中普遍存在不允许或不愿意下级将问题汇报给上级领导的情况，使很多不当的工作不能得以及时纠正。

"不提倡越级指挥，但坚决支持越级反映"的管理文化是海信一直倡导的，目的就是让广大员工帮助企业发现问题，提升工作质量。让大家一起来监督干部的行为，来揭示不能以身作则、不关心员工、不能公平对待部属的行为。然而，我们有的干部很抵触下级越级反映，如此做法，说轻了是心胸狭隘，说重了是行事不公，害怕上级知道，否则没有其他解释。这种现象必须杜绝，对这样的干部要批评教育，严重者坚决不用。如果各级干部都能长期坚持这样做，在海信就能蔚然成风，对干部就会有强的约束力。这不仅对企业发展是利好的，对干部本身的成长也是有利无害。

来源：《开工第一天，周厚健董事长发出重要邮件：要坚决支持越级反映问题》，海信时代总第 637 期，2013.02.25.

1.14 员工要大胆监督，让那些做得不到位的干部下来

让我们的广大员工动起来，让广大员工知道什么样的干部是好干部，那种长期见不到人的领导就是失职的领导。员工都看着他，干得不好、做得不到位的干部就应该下来。集团及各公司要建立反馈渠道，让大家把不称职的干部反馈上来，把称职的干部也反馈上来，我们会知道哪些干部工作深入，哪些干部工作不深入，进而决定怎么使用干部。

来源：《周厚健董事长发表电视讲话：干部必须"往前站"》，海信时代总第648期，2013.08.16.

第 2 章

务实创新

未来，唯一确定的是不确定性。也就是说，未来几十年间，必将出现前所未有的挑战。面对变化，许多公司或者适应变化，或者犹豫不决，或者主动进行重组，或者在被动的重组中痛苦挣扎。回顾近年全球各个行业大公司的表现，可以发现，甘当被动者的公司数目比主动出击者的公司数目多很多。

与传统的自上而下的创新不同，我们通过即兴发挥、草绘设想、式样翻新，创造出更新的项目和组织。我们鼓励员工迎接变革，鼓励个人的原创。然而实际情况是，我们中的大多数是旧范式的信徒，是官僚阶层的成员。

"自动的""自发的""条件反射的"，虽然这些词通常不会用来形容组织的变革，但其中就潜伏着我们最大的挑战——如何将深刻的变革转变为一种组织自适应系统的反应。我们需要构建这样一类组织，当危机出现时，它们能够进行持续的自我调整。

——加里·哈默 比尔·布林[4]
《管理的未来》

---

4 加里·哈默，伦敦商学院战略及国际管理教授，战略研究前沿大师，Strategos 公司董事长暨创办人，著有《公司的核心竞争力》等作品。比尔·布林，《快公司》创刊资深编辑。

务实

> 务实，意味着恪守企业本质，脚踏实地发展，实实在在做人，实事求是做事，稳健务实经营。务实，要求干部员工深入一线，敢于揭露问题，定位症结所在，挖出问题根源，并提升解决问题的针对性、效率和效果。海信的实践证明，四面出击不如专注一行，这样才能为企业建立起核心竞争力。

2.1 从卓越变差，第一条原因就是"轻狂傲慢"

做大的企业，很容易轻狂傲慢，领导容易这样，下面的人也容易这样。"富不过三代"有它的道理。应该讲，家里面太富了，就要傲了，就要懒惰了，这是一个必然。企业也是这样。有一本书叫《再造卓越》，其中讲企业从优秀变差，或者从卓越变差，第一条原因就是"轻狂傲慢"。

来源：《百年老店不是百年小铺——周厚健董事长谈企业战略和管理》，海信时代总第 598 期，2011.04.26.

2.2 吹牛炒作，是在自掘坟墓

很多人做企业都想走捷径，吹牛就是捷径之一。企业经常吹牛，当前看会获得很多好处，但最后综合效应一定是坏的。宁肯现在丢人，也坚决不能吹牛。那些死掉的企业很多都是因为吹牛。我们有很多场合可以吹牛，为了自己面子可以吹牛，但为了海信长期利益，我们不能吹牛。

来源：《周厚健董事长：市场卖不好，研发人员要敢于去"告状"》，有信，2021.12.24.

企业吹牛炒作蔚然成风，这种浮躁的企业运作方式是在自掘坟墓。海信员工要不断提高对技术差距的认识，切实做好自己的事情，不要吹牛炒作，更不要卷入这个炒作的旋涡中。

来源：《周厚健董事长在海信集团 2003 年经济工作会议上的讲

话》，海信时代总第 369 期，2003.02.17.

> 管理层，尤其是无须经受市场考验的管理层，很容易沾染"官僚作风"。避免患上这种病，治愈它，或者至少阻止它，是所有卓有成效的管理者的第一要务，也是所有高效管理手册的第一要务。
>
> ——彼得·德鲁克
> 《人与绩效》

2.3 官僚作风和形式主义应该成为齐声喊打的"过街老鼠"

企业发展到一定规模后，在组织和管理等诸多方面会不知不觉地、程度不同地滋生出阻滞企业继续发展的一种慢性综合病，使企业逐步走向倒退甚至衰败。这种慢性综合病总结起来突出表现为：机体僵化、信息不畅、职责不清、决策迟缓、执行不力。具体到干部身上，则是安于现状、墨守成规、缺乏激情、缺少想法。经常可见发号施令的多，执行落实的少；面对问题，被动等待的多，主动思考的少；面对提升，规避风险的多，主动创新的少；面对指令，机械执行的多，创造发挥的少；面对协作，部门"墙厚"的多，主动帮扶的少。

集团领导布置的工作，直属公司总经理布置给副总，副总布置给部门长，部门长布置给主管，主管摸不着头脑，憋几天做出的PPT层层上报后发现根本不是集团想要的东西。因为海信从不造假，所以绝不会轰然倒塌，但或许会慢慢倒下，罪魁祸首就是大企业病、官僚作风和形式主义。官僚作风和形式主义应该成为集团齐声喊打的"过街老鼠"。

来源：《周厚健董事长：我的2018年，坚决清除"官僚作风"》，海信时代总第736期，2018.03.06.

2.4　干部麻木和缺乏紧迫感，很可能导致企业起个大早却赶个晚集

干部作风问题，突出表现为干部的麻木和无动于衷。干部麻木将会成为影响集团执行力的关键，从而瓦解整体经营战略。干部麻木和缺乏紧迫感，很可能导致企业起个大早却赶个晚集。

除了完善机制，干部们必须率先垂范，奖惩分明，敢于暴露问题得罪人，将紧迫感和危机感时刻融入工作的热情中，否则，集团战略的执行只会沦为一纸空文。

赢在格局，输在细节。格局是集团的整体战略，而细节恰恰需要高度地执行。

来源：《周厚健董事长："麻木"是削弱执行力的罪魁祸首》，海信时代总第 611 期，2011.11.24.

2.5　失去执行力，就失去了企业长久生存和成功的必要条件

执行力低下是管理企业过程中最大的黑洞，再好的策略也只有在成功执行后才能够显示出其价值。成败关键在执行。企业执行力差，将会直接导致在贯彻企业经营理念、实现经营目标上大打折扣，更重要的是削弱了干部、员工的斗志，破坏了工作氛围，影响了企业的整体利益。长此以往，将会断送企业的事业。

某大型国有企业因为经营不善而破产，后来被日本一家财团收购。厂里的人都在翘首盼望日方能带来先进的管理办法。出乎意料的是，日方只派了几个人来。制度没变，人没变，机器设备没变。日方就一个要求：把先前制定的制度坚定不移地执行下去。结果不到一年，企业就扭亏为盈。日本人的绝招是什么？仍然是执行力，而这也正是国内很多企业包括海信所缺少的。可见仅有战略，并不能让企业在激烈的

竞争中脱颖而出，只有执行力才能使企业创造出实际的价值。失去执行力，就失去了企业长久生存和成功的必要条件。没有执行力，就没有核心竞争力。

来源：《周厚健董事长接受〈中华工商时报〉采访：执行力是竞争力最终体现》，海信时代总第 396 期，2004.02.20.

2.6　大企业不能迷信权威，而是要靠条例和文化来管理

一个小企业，主要靠权威管理，他们搞那些管理办法，最终成本很高，效率很差；一个中型企业，需要条例和制度管理；大一点的企业，需要文化和条例共同管理。所以，一个大企业靠权威管理，会给企业带来很大的问题，对长远的影响会更大。时间长了，大家对权威会从"迷信"变成"依赖"。变成"依赖"的话，大家就都不动脑筋了。

来源：《百年老店不是百年小铺——周厚健董事长谈企业战略和管理》，海信时代总第 598 期，2011.04.26.

大企业应该靠条例和文化来共同管理。任何条例都不可能渗透到每一个细节、每一个环节、每一个角落，只有人的思想到位了才会。就像垃圾分类一样，你可以规定哪些垃圾

放到哪个垃圾箱，但最根本的是人受到教育形成文化之后，知道垃圾为什么要分类，这么做能为社会贡献什么，这样一来，这些人到任何场合都知道对垃圾进行分类，即使不在规定范围内，也知道应该怎么做。因此，靠文化进行管理，是一个大企业不可或缺的。

来源：2022年8月，海信学院对周厚健董事长的采访。

> 看起来平凡的、不起眼的工作，却能坚韧不拔地去做，坚持不懈地去做，这种"持续的力量"才是事业成功的最重要基石，才体现了人生的价值，才是真正的"能力"。
>
> ——稻盛和夫
> 《干法》

2.7　思路要变成方法，方法要落实到行动

要解决问题，首先要明确解决问题的出发点、关键点和落脚点，否则将很难实现工作的改善。

来源：《人力资源管理是经营管理的核心——周厚健董事长主持召开集团人力资源专题工作会》，海信时代总第 618 期，2012.04.01.

工作是有工作要素的，没有工作要素就是想法，只有想法的结果就是今天提，明天提，后天还提，但是没有任何进展。工作必须有明确的工作要求、工作的总目标、工作的阶段目标、工作的目标值、工作的机制、责任人、完成时间等。

来源：《周厚健董事长：干部要敢于揭露矛盾》，海信时代总第 709 期，2016.04.29.

有了思路一定要变成方法，有了方法一定要落实在行动上。一个公司的领导发邮件说"三星的效率是我们的四倍，我们要用两年的时间赶上"，而在具体工作的改进上没见到任何行动与实际效果。两年意味着什么？两年海信有可能已经死了。这样的干部、这样的观念不适合做管理者，海信决不能葬送在有观念但执行不到位的人的手里。不能高层领导讲思路，基层领导还是讲思路，一定要落实成办法。

来源：《处理好几个辩证关系——周厚健董事长在 2007 经营计划审定会上的点评》，海信时代总第 483 期，2006.12.08.

2.8　在约定的时间内用正确的方式做正确的事

执行就是全心全意、立即行动，在约定的时间内用正确的方式做正确的事。海信要发展，必须在员工身上体现务实、高效、创新的执行能力。当然，我们决不要机械教条地执行，如果一个人仅仅把自己的工作定位在完成任务上，那么他将很难成长。实践告诉我们，有两种人永远无法超越别人，一种是只做别人交代的事，另一种是做不好别人交代的事。因此，在执行过程中要保持激情和活力，善于发现问题，创造性地把工作做好。每一个人身边都存在创新的机会，希望大家能够发现这个机会，不遗余力地在创新上体现自身的价值，这样你就会在事业上有所成就，也会成就海信的事业。

来源：《挑战与使命——周厚健董事长在2005年新员工欢迎大会上的致辞》，海信时代总第446期，2005.08.10.

2.9　认真做好每个细节，伟大则不期而至

天下难事，必作于易；天下大事，必作于细。很多年轻人不愿从小事做起。"细"的意思是讲，要想成就一番事业，必须从简单的事情做起，从细微之处入手。大家融入企业会发现，企业经营是由无数小事构成的，我们的管理工作更多

地体现在具体的、碎的、单调的小事上,但恰恰是这些小事构成了海信的大事。

来源:《挑战与使命——周厚健董事长在2005年新员工欢迎大会上的致辞》,海信时代总第446期,2005.08.10。

创新

> 创新,包含观念创新、管理创新、技术创新等。因为创新,昨天的海信生存下来;因为创新,今天的海信能发展。同样,未来的海信一定要有创新,创新对海信的整个发展过程起着支撑作用。

2.10 创新是海信发展的源泉,文化是创新的魂

创新对海信来讲至关重要,是海信发展的源泉。创新需要有四个条件:首先要有共识,最重要的共识、能作为大家思想的共识就是文化,文化是一个企业创新的魂;其次,要有很好的员工队伍,这是创新的本;再次是要坚持、不间断地创新,这是创新的物质条件;最后一个是创新的机制要设置好,因为人的能动性是用激励激发出来的。把以上做好,

企业才会有比较好的创新成果。

来源：《周厚健董事长接受〈大道鲁商〉访谈内容摘录》，海信时代总第 627 期，2012.09.03。

要增强企业的自主创新能力，除了关注技术的积累、人才的积累，更要关注氛围的积累，即要形成重视创新的文化，只有这样才能使处在各层面的员工都来坚定落实这个战略。要让大家想通，这样才能干好，要形成这样的文化。

海信的很多较大的项目都是中层以下的员工主动做的，而不是集团公司决策后做的。如开发芯片，当时他们可以选微处理器，也可以选解码芯片，但他们偏偏选了一个技术难度最大的高清图像处理芯片。今天他们成功了，别人都感觉到开发者很荣耀，实际对这个团队来说是相当不容易的。承担这个产品项目的人当时还不到 30 岁，这个团队的平均年龄只有 20 多岁，这些年轻人历经 1600 个日日夜夜，用了将近 5 年的时间做了一个过程中没有阶段性成果、最终可能失败的项目。在这个年龄，我觉得如果没有相当的境界，是很难投入其中的。这种动力源于企业的追求，这些人为什么能够这样做，除了自身的素质，我们不得不承认企业的技术氛围对这些小伙子有很大的影响，这种氛围、这种文化创造了技术人员敢于向高难度项目挑战的个性。总之，如果企业没有一个良好的氛围，这些技术不可能成功。

来源：《增强企业创新能力——周厚健董事长在大连高级经理学院的演讲（节选）》，海信时代总第 470 期，2006.06.30.

> 如果昨天的"异类"最后成为今天的"规矩人"，创新就将停滞，增长曲线也将趋向平缓。
>
> ——加里·哈默　比尔·布林
>
> 《管理的未来》

2.11　树立创新意识，放手让员工进行创新

我们现在更多强调的是维持性创新，这很重要，这是海信当前"吃饭"和不久的将来要发展的事情，这是必需的。但是海信特别缺少的是破坏性创新。我们要建立机制、培育土壤来营造创新氛围，有了氛围才能有能力的发挥。

来源：《创新是总经理必须重视的工作——重温周厚健董事长在"海信创新探索"讲座中的几个观点与要求》，海信时代总第 715 期，2016.08.03.

干部队伍中缺乏宽容技术人员性格弱点的风气，甚至不能容忍他们坦率地表达与自己观点不同的技术建议。这种事情泛滥下去，不仅会玷污应有的学术风气，也会使"技术立企"穷途末路。一定不能败坏了风气，不能任不公道在海信泛滥；对技术人员，我们需看他的技术素质和他的技术贡献，而不是挑剔他的性格，更不能打击异己。

来源：《从一名研发人员给周厚健董事长致信求助看——海信领导干部要有胸怀》，海信时代总第489期，2007.03.01。

2.12　持续经营的思想是开展好创新工作的前提

很多公司对创新问题看得很轻，根本原因是把创新看成短期行为。我们要创新，要有创新行为的落实，首先要有持续经营的思想。如果只看眼前，只看今年的业绩，甚至连明年的业绩也不看的话，就不叫有持续经营的思想。我们希望企业能做到一百年、三百年、四百年，确确实实世界上也有很多企业能活到三百年、四百年、五百年，做企业就需要有长期的打算。公司没有创新，是短期行为，是没有持续经营思想，是没有风险意识。"老总们"有多少时间感到产品长期这样做下去是有危险的？实际上，在我们的信息产业领域，几乎所有的产品都面临着淘汰。越有经营压力，越应该往后看需要创新什么。如果没有这种高度的关注，就不能形成企业追求创新的氛围，越往后就越没有出路，越往后就越困难。

来源：《创新是总经理必须重视的工作——重温周厚健董事长在"海信创新探索"讲座中的几个观点与要求》，海信时代总第 715 期，2016.08.03。

> 创新是唯一的出路，淘汰自己，否则竞争将淘汰我们。
>
> ——安迪·格鲁夫

2.13　踏实能成就一个不错的企业，但仅靠踏实不能成就一个伟大的企业

海信优秀的地方是海信人很扎实，稳定性非常好，努力付出，是一个极其优秀的团队。但是另外一方面，因为大家长期在一个组织里工作，眼界、视野、格局和认知力上难免有一些牵绊。海信的干部都很努力，非常 hard，但是还需要 smart 一些。面对挑战时，逮着一个任务努力向前，跋山涉水，最终达成目标。这很了不起，也值得表扬，但是实际上还能

有很多路径，让你走得不那么 hard 也能够快速地实现目标。

来源：《贾少谦：时代浪潮中海信的变与不变》，有信，2023.08.03.

2.14　试错和容错是企业对待创新的态度，不是给消费者的理由

　　什么是创新？创新是运用已知的信息和条件，突破常规，发现或产生某种新颖、独特的有价值的新事物、新思想的活动。创新的本质是突破，是发展。

　　企业管理本身就是一个融合创新的过程。在全球化竞争越来越激烈的今天，唯有主动创新、勇于探索、勇闯"无人区"，才能适者生存。创新存在风险是普通的常识，各种突破必然面临各种错误，只有不断试错才能最终达成我们需要的创新成果。容错则体现了对创新失败后的包容态度。

　　但无论怎样的创新试错，都不能忽视对创新的风险管理，尤其是不要将本可以通过管理避免的创新风险引入产品交付环节。试错和容错是企业对待创新的态度，不是给消费者的理由。

　　第一，海信历来鼓励创新，鼓励新技术在产品上应用以提升竞争力，但绝不允许将创新的风险传递到市场上，破坏消费者对海信品牌的信任。只有验证成功了的创新才可以正式应用，才可以面向市场、面向消费者提供。这是必须明确

的管理概念和边界问题。

第二，要清楚事情真相、本质和根因，勿将管理问题和创新失败混为一谈。所有出现风险、对消费者造成严重伤害的质量问题，本质上都是管理问题，而非创新问题。因为无论将怎样的创新成果推向市场，我们在过程管理中都有机会、有方法、有手段来评估和管控此类风险，让风险不扩散、不兑现。管理者的职能建立、机制建立和流程建立的目的，就是让错误发生在可控范围内，在流程之内，在量产之前，而不是流向市场、客户、用户。

第三，对技术创新失败，海信历来非常宽容；相反，对因疏于管理、责任心缺失造成的损失，包括对创新不重视、过程管理不到位、资源支持不到位导致机会丧失的管理问题，则批评、惩罚严厉。

第四，海信鼓励创新，但同时要坚决避免假创新。何谓假创新？就是既不能为消费者带来价值，也不能为企业带来当期或长远竞争收益、建立竞争优势的创新。创新的过程可以天马行空，但所有创新都必须以价值为追求和衡量，做对用户价值、对企业发展、对社会进步有用的创新，绝不是为了创新而创新、随意"打水漂"的创新。

来源：《集团公司总裁于芝涛：对创新、试错、容错，管理者当有怎样的认知和作为》，有信，2023.09.11.

2.15 变革要"眼睛向外，刀尖向内"

变革的根本就是一定要找到影响海信发展的实质性、根本性、长期没能解决的问题。在变革这件事情上，海信要坚持"眼睛向外，刀尖向内"。眼睛向外，就是要把海信放在世界舞台上，放在世界最优秀的公司面前进行对标，找到差距，特别是在可持续发展和长期发展上的差距，所以必须开放、树立危机感、找到方向。刀尖向内，肯定是"刮骨疗毒""壮士断腕"一样的自我革命，这非常重要，因为人都习惯在舒适区里，不愿主动进行痛苦的蜕变，刀尖向内的过程需要我们做大量的说服工作，让大家能做到自我警醒，不断找到突围的方向。

很多人觉得企业做得还不错，发展也还行，环境这么困难的情况下还能实现增长，陶醉感是有的，但我们要做世界级的大公司，就要时时刻刻想着革新，从优秀走向卓越。

来源：《贾少谦：寻找百年海信最重要的支撑》，有信，2023.03.04.

2.16 变革绝不是头疼医头、脚疼医脚

变革分为看到病状、分析病因、开出药方、分析药方、吃药治病五个步骤。第一，找到病灶，也就是识别病情是

什么；第二，找到病因，是什么原因导致的；第三，开出药方；第四，为什么要开这个药方；第五，药方开出来，能否药到病除。接受过咨询公司服务的企业，咨询项目的成功率只有30%！也就是说70%的企业尽管接受了咨询服务，结果却失败了。海信会成为前者还是后者？这取决于很多因素。变革绝不是头疼医头、脚疼医脚。首先，要找到病因，再判断药方是否可行；其次，为什么开这个药方，要广泛讨论、激烈辩论，需要认真分析，解决主要矛盾、核心问题，找到病因，找到真正的药方。

来源：《贾少谦董事长：面向未来与长期发展，这些经营短板和差距要重点追赶》，有信，2023.02.15.

2.17 要改变，先应找到不变的东西

在过去的发展中，海信整体来讲不是一家发展特别快的公司，也不是一家特别有声量的公司，但是拉开这条增长曲线就会看到，海信每年都保持一定的增长速度。所以，很多时候快可能就是慢，慢可能就是快，这需要整个经营团队有很大的定力和耐力。这个过程中也有挑战，但一定要把海信该坚守的东西守住，使之成为企业长期发展的推动力，不能为了追求所谓的快和高声量而丧失了企业根本。

来源：《海信董事长贾少谦：企业家是乐观主义者，而非机会主义者》，《中国企业家》，2023.03.16.

要改变，首先应该找到不变的东西。变革一定是把变和不变有效结合，尤其是要把成功性、可复制性、可延续性的那些不变因素固化下来，然后找出影响效率和效果的要素，从这些方面切入。

来源：《贾少谦：寻找百年海信最重要的支撑》，有信，2023.03.04.

2.18 研发创新要依靠建好体系、建好机制

海信的研发创新应该依靠建好体系、建好机制，而不是依靠天才。苹果是依靠天才创造产品从而促进企业的发展，三星是依靠传统的力量保证企业的发展，两个公司走的发展道路是不同的。我认为依靠天才是可遇不可求的，海信要依靠系统，我们要尽快从集团公司角度进行调整，从机制创新上调整出更好的政策。集团公司和子公司上上下下联起手来，一起把创新氛围营造好，把创新的土壤培植好。

来源：《创新是总经理必须重视的工作——重温周厚健董事长

在"海信创新探索"讲座中的几个观点与要求》,海信时代总第 715 期,2016.08.03.

人才、资金、技术积累,这些都是问题,但不是最难的。缺乏创新投入长效机制、产学研过程中专利产权不清、产品缺乏市场锻炼机会才是最困难的事情。成绩得不到认可,这对科研人员是非常沉重的打击。任何一个产品都应该享有机会,这样科研人员才可能干好。

今天的中国企业已经积累了相当丰富的经验,打下了坚实的基础,技术创新已非难事,关键在于营造一种自主创新的氛围,一旦具备了这样的社会氛围,相信企业在这方面的提高会很快。

来源:《周厚健董事长两会观点:创新文化比创新技术更重要》,海信时代总第 463 期,2006.03.17.

2.19 管理创新是让效果更好、效率更高

管理要素就两个:效果和效率。管理创新就两个目的:效果更好,效率更高。我们的管理创新要围绕提高效果和提高效率,而且这两个一定是同时出现,不可单独追求,没有效果的效率是坏的,没有效率的效果也是坏的。

来源：2022 年 8 月，海信学院对周厚健董事长的采访。

　　为改进而改变，绝非为改变而改变，它要求我们不断寻找流程再造的规律，进行科学管理，客观准确地评价流程中每一环节的问题，只有这样才能把变革中的损失减到最小，也只有这样的变革才能使企业具有永久的生命力。
　　对需要调整的流程要进行科学评估，对调整后的流程也要进行科学评估，然后才能投入使用。我们所强调的"思变"中的"变"，一定是为进而变，不是为改变而改变。如果我们没有改进的思想而去改变，难以想象海信将会出现怎样的混乱。所以，在流程调整过程中一定要注意：要立足于调整后工作有所改进、效率有所提高来开展工作。

来源：《周厚健董事长在海信集团 2003 年经济工作会议上的讲话》，海信时代总第 369 期，2003.02.17.

· 第二篇 ·

海信的经营理念

市场经济的最终两个主宰是消费者与技术。

——保罗·萨缪尔森[5]

---

[5] 保罗·萨缪尔森（1915—2009），麻省理工学院经济学教授，美国著名经济学家。1970年诺贝尔经济学奖得主。著有《经济学》《线性规划与经济分析》等作品。

第 3 章

用户至上

如果我们想知道企业是什么，我们必须先了解企业的目的，而企业的目的必须超越企业本身。事实上，由于企业是社会的一分子，因此企业的目的也必须在社会之中。关于企业的目的，只有一个正确而有效的定义：创造顾客。

企业家必须设法满足顾客的需求，而在他们满足顾客的需求之前，顾客也许会感觉到那种需求。就像饥荒时渴求食物一样，不能满足的需求可能主宰了顾客的生活，在他清醒的每一刻，这种需求都盘旋在他的脑海中。但是，在企业家采取行动满足这些需求之后，顾客才真的存在，市场也才真的诞生，否则之前的需求都只是理论上的需求。

是顾客决定了企业是什么。因为只有当顾客愿意付钱购买商品或服务时，才能把经济资源转变为财富，把物品转变为商品。企业认为自己的产品是什么，并不是最重要的事情。顾客认为他购买的是什么，他心目中的"价值"何在，却有决定性的影响，这将决定这家企业是什么样的企业，它的产品是什么，以及它会不会成功兴旺。

顾客是企业的基石，是企业存活的命脉，只有顾客才能创造就业机会。社会将能创造财富的资源托付给企业，也是为了满足顾客需求。

——彼得·德鲁克
《管理的实践》

3.1 做企业都应遵循一个思维，就是市场经济思维

所有企业都应遵循一个思维，就是市场经济思维，即不辍追求技术创新，更好地满足用户，这便是萨缪尔森说的"市场经济的最终两个主宰是消费者与技术"的体现。很多人将互联网企业与传统企业对立起来，把前者说成先进企业，把后者说成落后企业，这是不对的，互联网企业的优势是更多地应用了互联网技术，更容易知道消费者在干什么，知道消费者的需求是什么，但本质依然是市场经济思维，即一手抓用户，一手抓技术。所以，互联网本质是一个工具，每一个产业都应该加互联网，大数据也好，云平台也好，人工智能也好，都是一个道理，最终都是通过技术创新满足用户需求。

海信必须牢牢抓住市场经济这一本质，要用好技术，了解用户需求，满足用户需求。追求技术，满足用户，这是做企业的本分。

来源：2022年8月，海信学院对周厚健董事长的采访；《周厚健：没有什么互联网思维，只有市场经济思维》，中国经济网，2018.03.11.

3.2 企业的根本是满足用户需求、创造用户需求

技术是企业非常重要的素质，是企业发展的基础。企业的根本是满足用户需求、创造用户需求，而技术是满足用户需求的保证。技术本身不能换成钱，它凝结在产品当中，通过满足用户需求实现价值。如果我们的高层人员、决策者对研发不感兴趣，对技术创新不感兴趣，感兴趣的是追求浅层次的、追求当前的、追求挣快钱，则企业就没有未来。

来源：《5G时代，我们的机会和准备》，海信时代总第750期，2019.01.30.

3.3 优质用户是企业最重要的"表外资产"

为用户提升价值，就是发展海信自身。用户不仅为企业带来今天的收入和利润，优质用户的多少更是衡量企业未来财务业绩的重要依据。所以，优质用户是企业最重要的"表外资产"，是海信持续经营的收入和利润源泉。我们的工作必须紧紧围绕为用户提升价值，必须建立全心全意为用户服务的意识，必须通过提升产品的用户体验和诚信经营，与用户共同成长，实现双赢。

各公司总经理必须作为公司提升用户价值的第一责任人。

各级干部都要思考如何为用户提升价值，尤其要善于从过去用户体验不好的事件中吸取教训，提高标准和完善依据。

来源：《海信集团 2018 年度经营工作报告》，2018.02.

> 在一个产品泛滥而客户短缺的世界里，以客户为中心是成功的关键。
>
> ——菲利普·科特勒[6]
> 《科特勒营销新论》

3.4　当企业利益和用户利益冲突时，一定将用户利益放在前面

当企业利益和用户利益冲突时，一定将用户利益放在前面。用户（重复性购买及推荐性购买的用户）是企业未来的业绩，只有开发出让用户满意、高质量的好产品，提供良好的服务，用户才会重复购买、推荐购买，海信才能可持续地

6　菲利普·科特勒，美国西北大学教授。著有《营销管理》《市场营销原理》《营销革命 3.0》等作品，被业界誉为"现代营销学之父"。

发展。因此，销售与产品相比，一定是产品更重要，不重视产品的做法都是无视用户利益的行为。

来源：《海信集团 2022 年度经营工作报告》，2022.02。

3.5　一切工作都要想到用户而不是任务

深度挖掘用户需求，根据用户需求把产品研发好，然后推广好、传播好，让用户知道这个产品拥有他需要的价值。

作为技术研发人员，所做的一切工作都要想到用户而不是任务。切实将用户看作衣食父母和企业持续经营的唯一保证，重视用户，通过技术创新全心全意为用户服务，让用户能够成为明天的、可持续的、能够重复购买和推荐购买的用户，而不是把技术当作一种爱好、一种特长来看待。

来源：《周厚健董事长调研芯片上海研发，勉励研发人员做最"有用"的技术》，海信时代总第 730 期，2017.05.02。

站在用户感受的角度和市场竞争的角度彻查责任。要让今后没有人敢轻视用户。当用户感受不好的时候，就是我们被淘汰的时候。

来源：《周厚健董事长观摩重点实验室科研成果展强调：技术一定要站在用户和竞争角度》，海信时代总第 656 期，2014.01.14.

3.6　技术追求的是用户喜爱的差异化

技术追求的是用户喜爱的差异化，差异化不是为了求异，而是为了求用户喜爱，我的差异化技术用户更喜爱，我就赢了。

来源：2022 年 8 月，海信学院对周厚健董事长的采访。

企业的目的是实现盈利，这个过程是通过全心全意为用户服务来实现和保证的。技术研发人员的使命就是追求用户喜爱的差异化和产品领先，而技术领先是产品领先的支撑和实现的必需。

来源：《周厚健董事长：要做好企业，就必须锲而不舍地抓好技术与产品研发！》，海信时代总第 774 期，2020.11.26.

3.7　技术和用户之间是支撑关系而非对等关系

通常情况下，更好的技术能带来更高的用户价值，但技术好并不代表用户价值就一定高，这取决于研发团队是否做到了以用户为中心，通过产品这一载体将技术转化为用户价值和良好体验。

用户选购海信产品，不是基于产品技术有多高，而是基于技术带给用户的价值有多高。没有任何一个用户是为了海信的发展而选购海信的产品或方案，都是为了满足自身的价值需要。

海信要坚定地投入资源来研究和追求技术，但出发点一定是聚焦技术，解决用户和客户的痛点，思考清楚技术能够给用户和客户创造什么价值。创造不了价值的产品开发和技术研究对企业来讲毫无意义。企业最终要通过创造用户价值、满足用户需求来赢得用户喜爱和货币投票，继而赢得收入的增加、利润的积累，从而积累可持续发展的条件。用户思维的核心就是利他，想利己先要利他，一切从利他的角度出发，最终才会利海信，利企业自身。

来源：《贾少谦董事长：研发团队要讲实话、不怕"丢面子"！》，有信，2023.12.03.

3.8 赢得更多推荐型用户，用重复购买率描述企业经营风险

用户分三种，一种是推荐型用户，一种是消极型用户，一种是贬低型用户。第一种用户会积极地把你的品牌推荐给

身边的人；第二种用户对你的品牌没什么感觉，既不推荐也不贬低；第三种用户则是逢人便讲，告诫别人千万不要买。我们要做的，是赢得更多的推荐型用户，同时积极寻找贬低型用户，分析原因，解决问题，改善其对品牌的印象，逐渐转化为推荐型用户。推荐型用户越多，用户回头率就越高，而用户回头率的高低影响着企业的经营风险。如果我和你都有10亿元的收入，你的收入里面有8亿元是老用户贡献的，我的10亿元却都是新用户贡献的，那么，你的风险会远远小于我的风险。所以，企业要诚信经营，善待用户，要用重复购买率描述企业的经营风险。

来源：《今天的生存，明天的发展——周厚健董事长在"年中经营圆桌会"上的论述》，海信时代·年中经营会特刊，2013.07.15.

> 标准不是决策的最终来源，客户满意才是。
>
> ——石川馨[7]

---

[7] 石川馨（1915—1989），毕业于东京大学。QCC之父、日式质量管理的集大成者，20世纪60年代初期日本"质量圈"运动最著名的倡导者。著有《质量是企业的生命》等作品。

3.9 衡量好产品的唯一标准是用户满意

做高质量的好产品，就是要全员努力，确保做出用户喜爱的差异化、销量大、能赚钱的产品。产品是市场营销第一要素，此前我们对产品的认识远不到位，吃尽了"苦头"。做高质量的好产品必须成为我们最重要的工作，不能有丝毫动摇。我们必须认识到，高质量的好产品来源于对技术和质量一丝不苟的追求，衡量好产品的唯一标准是用户满意。

来源：《海信集团 2018 年度经营工作报告》，2018.02.

3.10 避免被埋葬的方法是在用户体验上下功夫

海信的勤奋和专业不会被同行打败，而可能被"体验"绊倒或被外来者"颠覆"。避免被埋葬的方法，就是在与用户体验相关的工作上下功夫。

来源：《周厚健董事长：专注主业做专业，海信未来 10 年的成长所在》，海信时代总第 617 期，2012.03.16.

> 不是说"我们能提供什么样的产品和服务",而是说"这些产品和服务对顾客来说有价值,有拥有的必要并且满足需要"。
>
> ——彼得·德鲁克
> 《管理:使命、责任、实务》

3.11 践行用户至上的营销原则:价值营销十纲领

第一条 价值,是用户从产品、服务和品牌中得到的需求满足。

价值是用户购买产品时利得与利失比较的结果,若消费者认为该产品利得大于利失,就可能会为此买单。若企业生产的产品、提供给用户的服务,能让用户感受到功能利益与感性利益之和大于其感知付出的成本,那么这个产品就是有价值的。

第二条 价值营销,就是要给用户创造价值、传递价值。

价值营销的本质是以用户为出发点,通过产品和服务为用户创造价值,并把这样的价值向用户传播好且交付到用户手中,从而为企业自身创造价值。

第三条 目标用户是产品好坏的裁判,也是销售渠道和传播方式选择的依据。

价值营销的前提是站在目标用户的视角，提供满足其需求的产品。生产产品首先要明确目标用户，因为没有产品可以满足所有人的所有需求，只有目标用户才是产品好坏的判断者。而且，目标用户的消费渠道、消费习惯的改变决定着我们渠道的选择和渠道策略的变化；目标用户触媒习惯决定着我们传播的精准度和有效程度。目标用户才是"游戏规则"的制定者。

第四条　好产品，一定是能给用户创造独特价值的产品。

产品是用户价值的重要载体。好产品一定是能为用户创造价值、满足需求的，并且价值还要有独特性和差异性。只有同时满足以上两点的产品才算好产品，需要做到"人无我有，人有我优"。

第五条　好服务和好产品一样，都是用户口碑的发动机。

服务和产品一样，都是用户价值的载体，也是驱动用户增长的关键要素，在售前、售中、售后的所有用户触点都力争让用户感受到价值，让用户从问询到购买再到使用全过程，均能感受到企业的真诚以及态度，这样企业就会赢得用户口碑。

第六条　终端不仅是销售渠道，更是传递产品与品牌价值的窗口。

终端作为消费者可以接触产品和品牌的最直接的机会，

是传递产品和品牌价值的重要窗口。终端价值的体现离不开终端形象、终端体验、终端销售人员。终端形象的好坏在一定程度上可以决定是否能够吸引消费者驻足体验。终端体验的意义在于，只有能被用户感知到的价值才是有用的，用户体验了、感知了产品价值，才愿意为价值买单。终端销售人员是连接产品与顾客的桥梁，是企业形象的窗口，更是海信品牌的传播者。

第七条　传播的重点是产品和品牌给用户带来的价值，而不是价格。

传播是能够跟用户产生交互的一个环节，企业可以通过传播手段去影响用户对企业及产品的认同和感知。企业输出给用户的记忆不能停留在产品的价格上，企业更应该关注传达给用户的体验以及带给用户的价值。若长期以传播价格为导向，就会陷入价格泥潭，降低用户对产品的价值认知，从而降低支付意愿，形成恶性循环。因此，我们需传播给用户的应是产品、品牌和服务所带来的价值。

第八条　用户运营就是持续为用户创造价值，让一次购买成为终身守候。

用户运营的重点是把用户视为家人，持续地为用户创造价值，用户就会像家人一样感受到温暖和信赖，持续地关注和支持海信。海信要成为百年的企业，只有长期关怀、关注用户，让用户的一次购买成为认识海信、了解海信的一次机会。海信需要把握好机会，要让用户感受到温暖与信赖，这样必然会持续得到用户的支持。

第九条　操纵价格获取业务是短期行为，是价值营销的敌人。

现在的市场中，由于诸多因素，产品一旦滞销，大多数企业就认为是产品缺乏竞争力，急忙加大广告投入、提高促销力度，最常用的方法就是降价。消费者本质上需要的是价值，只有在认可价值的情况下才会关注价格，低价促销短期能为企业带来销量，那也是在海信品牌有积累的基础上。如果长期消耗这样的品牌积累，那么海信品牌终将沦为低价品牌，而低价往往等同于低价值，低价也必将导致企业无力投入技术创新，从而形成恶性循环。因此价格营销是短期行为。

第十条　价值营销是对抗价格战的唯一出路，也是企业持续成长的关键。

价值营销通过向用户提供最有价值的产品与服务，创造出新的竞争优势而取胜。它是真正从用户出发，了解驱动用户选择的因素是什么，通过持续为用户创造价值，推动企业的持续成长。

来源：《价值营销做过一年，"十条纲领"敬请收好》，海信电视台（HICC）报道，2021.03.

3.12 寻求与优质渠道客户合作

寻求与优质渠道客户合作。因为那些不够优质的客户，除了带来当前收入和长远角度的败坏名声，并不能在品牌、产品声誉、经验、视野等方面给海信带来积累。所以，为了工作有积累，一定要摒弃这样的客户。追求优质客户必须在当地建立技术团队，与客户交互，不断改进产品。

来源：《集团领导深入各公司落实年度经营工作，To 国际营销：一切行为都要为企业做积累》，海信时代总第 705 期，2016.02.23.

3.13 做好品牌是为了活得更好、活得更长

要让海信的消费品产业有更长久的生命力，就必须注重品牌的提升。把品牌指数做上去不仅是为了当前盈利，更是为了长久活下去，是为了活得更好、活得更长。不仅是为了当前的经营质量，更是为了"做久"。品牌指数高的品牌拥有的消费者是真正意义上的用户，因为这类用户会在未来发生重复购买和推荐购买的行为，这直接影响企业明天的收入和利润。

来源：《周厚健董事长讲话摘录：面对复杂多变的环境与增长的不确定性，我们应该怎么做？》，有信，2021.11.30。

3.14　品牌的意义是通过占有用户心智，影响其消费欲望

　　品牌的意义是通过占有用户的心智资源，影响其消费欲望。占有心智资源有两种方式，一是让用户知道，二是让用户信任和爱戴。前者属于知名度，后者属于美誉度。通过广告和宣传能让人知道，但不能让人爱戴。管理学家认为给用户的价值是稳定用户的根本因素，你想稳定用户，就要给他带来价值；而稳定的用户群所带来的收益比，反映了一个企业的抗风险能力，如果收入比中几乎没有老用户，都是新用户，你的抗风险能力是很小的。

　　20世纪80年代的时候有一个记者采访北京站口的一个饭馆，这个饭馆的经营者穿着拖鞋拿着烟，对记者说：没有关系，我这个饭不好吃，但每天从店门口走过数千人，一个人吃一次就行。这种店没有人愿意进第二次，最终一定会死掉的。还有一个销售额近百亿元的企业，当年的销售计划是150亿元，竟然是一场官司打倒了它，而且在它倒了之后这场官司竟然赢了。为什么如此响亮的品牌会如此的脆弱？根本原因是这个品牌的声誉不行。因此，要树立一个好的品牌，首先要有好的声誉。用户购买首先是购买你的产品，购买产

品的性能和功能。此外，宣传要准确，不要过度，一个好的产品有诚信口碑才能赢得用户的信任。

来源：《增强企业创新能力——周厚健董事长在大连高级经理学院的演讲（节选）》，海信时代总第470期，2006.06.30.

第 4 章

永续经营

从优秀到卓越的转变对那些局外人来说，既像是戏剧性的事件，又像是革命性的事件，但是对那些执行者来说，这一转变感觉像是一个有机的积累过程。很长时间以来，把最终结果（戏剧化的结果）同过程（有机的积累过程）混淆在一起的做法，一直影响我们洞察真正起作用的力量。

　　可坚持到底的转变总遵循一个能够预测的模式——从积累到突破。要想推动一个庞大又沉重的飞轮旋转，终究需要花费很大的力气才能做到，但是在很长的一段时间内，坚持不懈地推动飞轮朝同一个方向旋转，飞轮就会积累起动能，最终实现突破。

　　飞轮这个形象表现了从优秀公司向卓越公司转变过程中的全部感受。无论最后的结果多么富有戏剧性，这种转变都绝不是一个突然动作。其中没有单独起决定作用的行动，没有重大的方案，没有一劳永逸的创新，没有纯粹幸运的突变，也没有剧烈的革命。从优秀公司向卓越公司的转变是一个积累的过程，循序渐进的过程，一个行动接着一个行动，一个决策接着一个决策，飞轮一圈接一圈地转动，它们的总和产生了持续又令人惊叹的效果。

——吉姆·柯林斯
《从优秀到卓越》

做精

> "做精"就是持续做专注、做专业、做深、做透、做先进、做精细，不断追求完美，做到精益求精，无论是在产业层面、产品层面、技术层面、运营层面，还是管理层面。

4.1　不要为了做大而盲目扩张

企业做大重要，但做精、做久更重要，否则不健康的做大就是自掘坟墓。只有越做越精、越做越扎实，才有意义。做产业高端和高端产业，企业才能长久发展。

来源：《周厚健董事长：企业做大重要，但"做精""做久"更重要！》，海信时代总第 781 期，2021.11.22。

企业做大就像一个陷阱，很多企业因为想把企业做大而死掉了。有本书叫《走出沼泽》，书里大部分内容都在讲企业是如何走入沼泽的，开始往沼泽走的企业都是原有业务发展得不错的企业，想要寻求新的发展，却逐步走入沼泽。它们为什么走入沼泽呢？都是因为想把企业做大却盲目扩张，超出了主营业务范围。

来源：《今天的生存，明天的发展——周厚健董事长在"年中经营圆桌会"上的论述》，海信时代·年中经营会特刊，2013.07.15.

杰克·韦尔奇讲要做前三，那是针对GE，不是针对所有企业，它是个性问题而不是共性问题。对更多的企业而言，做过程才能做结果，大是一个结果。"不要为大而做"与"企业不做大"不一样。大是必须的，企业做大之后有很多好处，比如成本可以降下来，竞争力可以提上去，可以有更多的定价权。但是做大不是企业的目的。企业一定要有明确的组织目标。作为企业领导，逻辑要清晰。每一件事都为组织目标而做，看似简单，实际很难。事实上，盲目求大就是偏离了组织目标的做法。有的企业就是盲目求大而死掉的。企业的发展是永远没有终点的长跑，没有谁笑到最后的时候，企业自己要清楚，危险每时每刻都在身边。

来源：《周厚健：要给明天留下空间》，内部资料，2006.06.15.

4.2　不要为了规模而不顾风险

做企业求大不是目标，而求强应是目标。求强就是做精。企业做大是做强的自然结果，不可本末倒置。我们需要做大规模，但希望大家不要为了规模而不顾风险，不顾利润。不要让低效益的业务占用企业的资源，如果这个业务没有战略意义，即使砍掉这个业务会影响销售规模，我们也要坚决砍掉。

来源：《周厚健董事长：企业做大重要，但"做精""做久"更重要！》，海信时代总第781期，2021.11.22.

4.3　盲目地扩张是搬起石头砸自己的脚

产品不好，客户不好，流程不好，研发管理不行，质量管理不行，这个时候如果光想着扩张，最后的结果一定是搬起石头砸自己的脚，把资源浪费了，把钱浪费了，把人力浪费了，把时间浪费了。必须找准企业当前迫切要提高的具体内容，寻找最厉害的东西，比如说产品、客户，这些东西要找准，而不是盲目地扩张。

企业要经常看一看当前这个事是不是重要的事，而不是盲目地做大。我们现在有很多经营干部，整天想着领导要我提高收益、提高规模，于是就照着去做，根本不关注那些根本制约的东西，根本制约的是产品，他却拼命跑客户，最后努力了一年多就被拿下来了。什么原因？就是典型的没有分析是什么东西制约着企业，而一味想着扩张。

来源：2022年8月，海信学院对周厚健董事长的采访。

4.4 警惕"实业空心化"和"主业沙漠化"

企业成功，没有捷径可走，必须做到专注和专业，在警惕"实业空心化"的同时，也要警惕"主业沙漠化"。家电行业的市场格局基本确定，有变化也是占有率前五位品牌间的此消彼长，而最后的优胜者一定是专注和专业的企业。所以说，中国的多媒体以及家电产业的竞争战略很透明，专注的程度将带来经营结果和成长速度的差异。

当前，机会太多，诱惑太多，"捷径"也太多。要知道，建立一个品牌要20年的时间，别人20年的路我们不可能5年走完！面对当前的投机环境，企业应具备"拒绝"的能力。当前，海信将智能化作为战略就是一种专注和专业，就是"固执"地去满足市场的需要，这种需要过去是消费者的呼声，现在是消费者的内心需求。

多元化的"聪明"往往会败给偏执的"专注"和"愚蠢"，美国500强企业前10名中，只有GE是多元化的，可口可乐、麦当劳、星巴克等都有自己专注的领域，而正面临全线亏损的日本家电企业，问题正出在缺乏专注上。海信的专业和专注就是围绕核心业务进行"顶层设计"，进而宏观调控、微观坚决执行。

来源：《周厚健董事长：专注主业做专业，海信未来10年的成长所在》，海信时代总第617期，2012.03.16.

拓展产品门类给企业带来的工作量是非常大的，在已有的产品门类上要尽可能做好，不能这个没做好再拓展一个，那个没做好再拓展一个，要争取把每一个都做好才行。海信涉足的产业没有副业，都是主业，企业里面绝对不容许有副业，因为主业都不一定能做好。为什么海信之前做过"减法"？因为认为它们不能够作为主业，而如果按照副业做的话，一定是把这个（产业）做死。

来源：《海信没有副业都是主业——周厚健董事长接受媒体记者采访观点摘录》，海信时代总第677期，2014.12.05.

4.5　找到提高的内容，才有可能形成高水平的扩张

有的公司，财务状况非常好，它们要拓展规模，要往外走，但是最终项目都被砍掉了，为什么？一是管理提升的措施没有，二是产品提升的措施没有，三是技术提升的措施没有。这样，拿什么来支撑快速增长？

一些公司经营方针中缺少提高性的内容。研发设计不能领先，新材料、新工艺不能领先，管理不能领先，企业就永远不能领先。如果早一天认识到这些，就早一天避免问题，避免被边缘化。否则，摊子越铺越大，将来就会变成包袱。

班子成员、项目经理要经常学习，找到感觉，把提高的内容找到，要形成高水平的扩张。全年经营方针不仅要把扩张的内容写进去，更要把提高的内容写进去，还要把相关的措施保障写进去。在提高和扩张中，如果只能二选一，宁可选择提高。一个企业不能仅仅依靠简单延续来获取生存，而是要通过不断提高来获得生存空间。

来源：《处理好几个辩证关系——周厚健董事长在 2007 经营计划审定会上的点评》，海信时代总第 483 期，2006.12.08.

延伸产业链，就是要在我们的产业链上纵向找到拓展的空间。延伸产业链的主要目的是提高产品差异化水平、关键

资源掌控力和盈利能力。拓宽产品门类，就是要通过充分共享我们已有的研发、制造、营销和人才等资源，横向拓展产品门类，高效率地扩大规模和增加利润。

我们之所以选择在现有产业领域的产业链和产品门类上投资，且原则上不再扩大产业领域，是因为我们了解产业状况，拥有相关人才和技术等资源的积累，可用其放大企业内部资源的协同效应，使投入少、风险小、效率高、收益快。反之，我们就会因关键配套资源紧张，影响质量、成本、交付时间，甚至无法实现应有的规模，最终影响我们整个产业的竞争力。要运用好技术引进、合作和收购等方式拓展产业，以减小实现难度、加快实现速度，追求掌握核心技术，用投入换时间。

来源：《海信集团 2018 年度经营工作报告》，2018.02.

4.6 用专注和永不盲从应对外界的变化

在中国，百年企业屈指可数。纵观全球，我们却看到，日本百年企业超过 35000 家，千年企业有 7 家，花王、TOTO 等直到今天依然充满活力；德国处处是百年老店和数以千计的"隐形冠军"，它们用专注和永不盲从应对外界的变化。这些企业共同的特点是具备精益求精、执着专注的工匠精神，以及看似没有日行千里的扩张但始终积累着世代相传的后劲。

从这一点看，50年，海信仍然是少年。行百里者半九十，"建百年海信"，就应该胸怀强烈而持久的愿望，倾注全部的感情，长期、持续经营下去。

来源：《海信仍少年——周厚健董事长庆典大会主旨演讲全文》，海信时代总第763期，2019.10.18.

4.7 已有的条件是"长项"，业务选择要有"精"的意识

不能为了扩大数量而上新的产业，海信从"零"上的产业一定要比别人从"零"上的产业投入要小。比如在医疗领域，海信选择了医疗显示。为什么选医疗显示？因为海信有显示工艺，有人才，有显示仪器仪表，有显示实验室，在这些方面别人可能需要投入"1"，而海信可能只需要投入"0.1"或"0.2"，这是在海信产业链上延伸出新产业。

家电产业为什么会选择智能交通？因为网络科技的前身是软件公司，尽管电视里面嵌入的软件和软件产品不一样，但是大的方面属性一样。那么，到底在软件领域选择哪个行业？经历多年，海信选择了智能交通。做企业不是哪个产业好做就做哪个产业，而是哪个产业适合做才做哪个产业，没有最好的产业。如同人选择职业是选择长项，不是选择社会上哪个职业好，而是哪个是我的长项就选择哪个职业。

要时刻想着，做出来的产品要比别人更有优势一点。选择的产业要比别人的投入更小，才会有优势。要牢牢记住，你的优势就是海信能帮你的东西。要找到业务存在的合理性，要仔细分析到底有没有条件成为长期业务。要研究设计好业务环节、业务模式，研究如何创造条件，只有这样业务才能平稳地、持续地积累，企业才能做起来。做任何一项业务，要考虑如何发展，如果不想发展，就不要做这个业务。要做这个业务，必须有人的落实，要有思想落实，要认识到位。企业没有副业，一定不要有附带业务的想法。

来源：《经营分析会上周厚健董事长的"经管课"：今天的积累昭示着明天的利润》，海信时代总第 707 期，2016.03.30.

4.8 不仅要推高端产品，更要树高端意识

海信一直强调高端产业、产业高端。"突出高端"列入经营方针已多年，在关键节点上改变了海信的市场地位，如 2004 年海信电视市场占有率跃居中国彩电第一，靠的就是坚定平板战略走高端。可以说，没有高端战略的坚持，就没有海信的今天。诸多公司的高端战略推进并未真正落地。究其原因，是这些公司并没有真正相信高端，而最根本的原因是没有真正树立起高端意识，表现在各项工作标准、目标追求、

产品、客户结构、工艺追求、质量要求等与高端相差甚远，与千亿规模的企业地位不匹配。因此，高端意识不仅仅是要有高端产品，更是各工作的高标准、高目标、高要求。

来源：《经营主旋律：主动变革创新突出高端意识》，海信时代总第 723 期，2016.12.29.

千亿之后怎么办？我们在发展战略上归结为两点：一是全心全意为客户提升价值，坚持做高质量的好产品；二是通过挖掘现有产业的增量，实现海信快速、高质量的发展。同时强调继续追求技术提升，在这个过程中依然要围绕产业高端和高端产业的战略，绝不能为了规模增长而不顾产业的技术构成，否则势必给未来造成包袱。

来源：《周厚健董事长：我的 2018 年，坚决清除"官僚作风"》，海信时代总第 736 期，2018.03.06.

4.9 "做好"是"做快"的前提

企业应是在做好的前提下快速发展。如果没有这一前提，就无从谈快。很多企业实际不是求快，而是着急。

快与急区别在什么地方？快一定是遵循规律、遵循程序、确保质量、快速提升，急是不按规律、跨越程序、不求质量、急于求成。

不少企业太想成为行业老大，不惜冒经营安全风险，不惜冒法律风险，不惜丢掉企业的信用。但到头来，不仅目标达不成，还把心态做坏了。做一件事情是不是把心态做坏了很重要。如果心态做坏了，经营决策和经营过程中的运作都会受到很大的负面影响。一定不要为了求快，把心态做坏。

来源：《周厚健董事长：企业做大重要，但"做精""做久"更重要！》，海信时代总第781期，2021.11.22.

很多企业总是想把下一个环节的钱也赚了，海信一定不要草率地去做，由于控制能力不到位而造成浪费。一定不要看别人做什么我们也做什么，要大量收集资料，看海信真正适合做什么。越着急做大，就越要做好。企业就怕做坏。做好了就不怕做不大。经营者很容易犯的毛病就是把企业做坏了，然后把企业做小了。

来源：《处理好几个辩证关系——周厚健董事长在2007经营计划审定会上的点评》，海信时代总第483期，2006.12.08.

做久

> "做久"既是海信的愿景目标，也是海信的战略，即做以百年为计量单位的"长寿命"企业，坚持长期主义，遵循企业的发展规律，摒弃短期行为，不追逐不当利益，不追求错误目标。

4.10 "逢事先考虑长期"必须成为企业的价值观

企业经营下降的主要原因是经营管理中的短期行为太多。如不立即严肃纠正，企业就会伤筋动骨。短期思想和短期行为换来的只会是短期繁荣，很快就会使企业陷入经营困境；企业的重要属性是持续经营，"逢事先考虑长期"必须成为企业的价值观。在不涉及企业生死时，如果短期利益与长期利益冲突，一定是短期利益服从长期利益；如果企业利益与顾客利益冲突，那么要把顾客利益放在前面，因为企业利益是当前利益，顾客利益是企业的长期利益。

来源：《周厚健董事长："逢事先考虑长期"必须成为经营决策价值观》，海信时代总第 749 期，2018.12.27.

　　今天的非核心业务，明天可能变得很关键，甚至会影响企业存亡；而今天的核心能力，未来可能变得无关紧要。所以，企业不仅要看到变化，更要适应变化；不仅要捕捉趋势，更要驾驭趋势；不仅要有清醒的认识，更要有长远的打算。

来源：《周厚健董事长观点：如何应对家电业"增收不增利"》，海信时代总第 594 期，2011.02.21.

　　做生意和做企业非常大的区别就是——做生意是看一时开一单，不考虑明天和持续性；但做企业不是只为眼前利益，而是近利与发展的统一，要有持续经营的理念，今天要为明天做准备。

来源：《周厚健董事长做客央广高端访谈〈企业家说〉——十个精彩分享带您读周厚健董事长经营思想》，海信时代总第 753 期，2019.03.28.

4.11 未雨绸缪，才能吉星高照

日立公司创始人曾说过"人生不足百年，要立千年之事"，做企业必须有这种素质和境界。发现未来问题比发现当前问题难度大，但解决当前问题比解决未来问题难度大得多！所以，未雨绸缪，才能吉星高照。

来源：《周厚健董事长接受〈大道鲁商〉访谈内容摘录》，海信时代总第 627 期，2012.09.03.

4.12 要做百年老店而不是百年小铺

百年老店是一个健康的、有积累的、规模化的品牌，而百年小铺是没积累的，海信的愿景"百年海信，世界名牌"[8]，在这两方面是一体的。企业活得寿命长不是用寿命长本身来描述的，而是用企业能不能在存活期内不断积累、不断提高、不断成长来描述的。"百年"最重要的象征是积累，刻画的也是积累。一个企业，"百年"意味着积累，这个积累包括规模的积累、文化的积累、管理经验的积累，以及资本的积累、品牌的积累。

---

8 2019 年海信集团将愿景的描述改为"建百年海信，成为全球最值得信赖的品牌"。

来源：《百年老店不是百年小铺——周厚健董事长谈企业战略和管理》，海信时代总第 598 期，2011.04.26.

意大利威尼斯圣马可广场有一个咖啡馆，开了 300 多年，是 18 世纪的咖啡馆。这家咖啡馆没有连锁店，规模也只有这么大，做得也很好，但它是百年小铺，沾的是这个有名广场的光，实际上自己的能力未必得到提高。我们常讲，做久做精比做大重要，不是说我们不要做大，实际上做久做精一定做大，但是做久做精的大，风险就小；不强调做久做精，只强调做大，在一段时间内可以飞速成长，但是它根基太浅，墙头草没有根基，一个没有基础的大厦很容易坍塌。百年企业一定是在生存期内不断地总结、积累、提高，在这个过程中，让企业的经营、管理越来越精细。

来源：2022 年 8 月，海信学院对周厚健董事长的采访。

4.13　今天的积累昭示着明天的利润

企业是依靠前面对后面的积累来发展的。说到底有两个维度，一个是今天的财务业绩，一个是明天的财务业绩。今天的财务业绩我们能看到，明天的财务业绩我们看不到。但企业能给用户提供始终比别人更好的服务、更好的产品，使用户未来能重复购买和推荐购买，这就是明天的财务业绩，就是为明天积累。做好当下的同时会不断为后面积累，这样的业务才是企业应该做的。

来源：《经营分析会上周厚健董事长的"经管课"：今天的积累昭示着明天的利润》，海信时代总第707期，2016.03.30.

> 伟大公司的创始人通常是制造时钟的人，而不是报时的人。他们主要致力于打造时钟，而不仅仅是寻找合适的时机，以高瞻远瞩的产品打入市场。
>
> ——吉姆·柯林斯
> 《基业长青》

4.14　抓长期工作与追求指标没有冲突

抓长期工作与追求指标，不仅没有冲突，而且非常一致。抓指标和抓能力不是同类项，并不是要指标就是短期行为，要长期就不要指标，大家一定不要搞混。能力好就可以更好地保证当期指标。毫无疑问，是不是长期行为，不是看抓不抓指标，而是看用什么样的行为去实现指标。透支未来换取当期指标，这种行为就是短期行为，对未来有害无益。比如，轻视质量、窜货乱价伤害客户利益，就是短期行为，这是给海信掘坟墓。而通过建好渠道、培养渠道规模、挖掘渠道潜力、提升交付能力等来实现指标、改善指标，就是长期行为。

来源：《周厚健董事长："逢事先考虑长期"必须成为经营决策价值观》，海信时代总第749期，2018.12.27.

4.15 "扶油瓶"和"做架子"要分开

油瓶倒了大家都会去扶，但是怎样保证油瓶不倒呢？需要有人去做个架子，将油瓶放到架子里就不会倒了。有的公司组织架构就是"扶油瓶子"的架构，没有将"扶油瓶"（抓短期）的人和"做架子"（抓长期）的人分开，长期要有人去管，但短期也不能丢。长期积累需要做好技术预研工作，组织架构设置要既能满足当前需要，又能满足长远需要。

来源：《"扶油瓶"和"做架子"要分开》，海信时代总第715期，2016.08.03.

> 管理最大的责任就是确保组织的生存，以及健全、完善的组织结构，确保组织可以承受任何打击，同时还要抓住机遇，灵活应对世界的急剧变化。
>
> ——彼得·德鲁克
> 《动荡时代的管理》

4.16 产业结构调整是"饭"更是"命"

产业结构调整对企业而言，是"饭"，但更是"命"。"饭"决定生存质量，"命"决定企业的生死。因此，产业结构调整是"生死之战"，是企业远见和竞争较量的根本，没有产业结构的提前布局，就有"出局"或者被边缘化的危险。不调整，今天过不好，明天更过不去。

就产业宏观而言，产业结构调整就是向高附加值、高技术、高集约化、高深度化发展，这是企业谋取高利润率、高劳动生产率的价值所在。就企业的微观而言，必须打造符合消费与技术发展规律的产业结构。

技术的发展和市场的需求，会给企业带来结构调整的机会。任何产业在技术升级换代时都会生、死一批企业，结果如何取决于企业的方向和技术路线。无论是哪个方面的调整，都是以企业的技术创新能力为核心。

结构调整的关键是人才结构的调整，创新型、复合型高端人才是"宝中宝"。

来源：《结构调整是"饭"，更是"命"——周厚健董事长两会观点受到媒体广泛关注》，海信时代总第 595 期，2011.03.08.

产业结构调整是"饭"，饭要天天吃。产业结构调整不是国家一号召，领导一号召，我们就开始搞，产业结构调整的工作应该天天搞，在这个过程中我们认识到了哪些产业结构有欠缺，哪些是落后的产业，就慢慢把它们优化，或者把它们升级，或者把它们淘汰。那些我们应该追求的东西，应该一步一步往前走，而不是过一段时间来一波，它不是个急就章，也不是运动。

产业结构调整，是大家脑子里先想清楚了，明确了方向，然后天长日久，一直在往前走，一直在追求。这样的话我们投入小，没有大幅度的拐点。凡是有外延的东西都要付出能量，我们一直都在一步一步往前走，这种做法会给你时间，可以反复，可以摇摆，"反复""摇摆"的时间，实际是更好选择方向、更好选择方法的过程。

来源：2022 年 8 月，海信学院对周厚健董事长的采访。

> 尽管成熟企业引领延续性创新，但在破坏性技术方面，引领行业潮流的总是行业新兴企业。
>
> ——克莱顿·克里斯坦森[9]
>
> 《创新者的窘境》

4.17 不关注新产业的投入和发展，唯一的结果就是被淘汰

产业调整不是一个特殊任务，不是有空时才过问一下，而是每天都要重视的日常工作。再好的战略如果不能分解和落实到具体行动中，就只是一句空话。我们（包括董事会和办公会）要杜绝喊口号，新产业需要盯产品创新、盯进度、盯资源、盯人才、盯结果；将战略目标层层分解，建立专门应对新产业发展的有效激励机制，尤其是对新产品进度、技术和人才的引进形成闭环。

来源：《居安思危，将危机意识渗透到海信的各级组织》，海信

---

[9] 克莱顿·克里斯坦森（1952—2020），哈佛商学院教授，1995年度麦肯锡奖得主。首创"颠覆性技术"理念，著有《创新者的窘境》《创新者的解答》等作品，被业界誉为"颠覆式创新之父"。

时代总第 782 期，2022.02.03.

4.18　时刻保持危机意识

　　有的企业做了大量工作，应该说，做到这样不容易，但是企业没有值得骄傲的事情，每时每刻都要谨小慎微，应该让每一个员工都知道这一点。看上去很强势的公司，真的衰退下来，速度也是很快的。公司好的时候，也不要过分宣传公司有多好，比如三星公司，企业状况好时，在内部提倡公德，这是从提升员工素质层面考虑。企业好，做过多宣传，麻痹了干部、员工，当态势不好时想扭转却已经晚了，要花费很大的力气。因此，要多讲问题，讲危机。

来源：《处理好几个辩证关系——周厚健董事长在 2007 经营计划审定会上的点评》，海信时代总第 483 期，2006.12.08.

　　世界 500 强公司不断新陈代谢，可能 10 年就有三分之一的企业更替，这就意味着这个世界上没有永恒的成功，只有奋斗当中的成功，只有在危机面前保持清醒头脑的成功。在这样的发展规律下，海信要追求长期主义。

来源：《海信董事长贾少谦：企业家是乐观主义者，而非机会

主义者》,《中国企业家》,2023.03.16.

4.19　过去的成功策略如果不实时调整，很可能就会约束、限制企业的发展和竞争力

时代发展太快了，完全超出了过去的经验，过去的成功策略如果不实时调整，很可能就会约束、限制企业的发展和竞争力，导致企业走向失败。所以，海信要顺势而为，真正和时代同行，及时、敏锐地捕捉机遇和发展可能性。

来源：《贾少谦：寻找百年海信最重要的支撑》,有信,2023.03.04.

4.20　底线思维就是做最坏的打算，往最好处努力

什么是底线思维？就是要做最坏的打算，要分析出可能发生的问题，往最好处努力。从今天的情况看，什么结果都有可能，包括就此下行，一蹶不振。一个企业死掉是分分钟的事情，根本不是大家想象的，海信体量还不算太小，还可以维持一段时间。有两个例子比较典型。在20世纪90年代亚洲金融危机的时候，韩国的第二大企业大宇从传出资金状况不好到申请破产保护只有短短数月。在那之后不久，世界排名前几位的企业安然从曝出问题到申请破产保护也仅几个

月的时间。在那个企业规模相对较小的年代，安然的规模绝对比今天的我们大得多。所以，海信如果也这样做的话，死掉是分分钟的事。

来源：《我们的2020：根除"顽症痼疾"，重塑干部自驱力，实现海信崛起！——周厚健董事长重塑干部作风专题讲话摘录》，海信时代总第766期，2020.04.24.

重大决策需要一个底线思维。2005年收购科龙的时候，我跟大家讲，先不要讨论怎么收购，先讲如果用15亿元来收购科龙，我们会不会死掉？如果15亿元血本无归，海信能不能死掉？不能，那好，我们收购。这个底线得有，很多事我们都要有这种思维，这是一个经营思维。

来源：2022年8月，海信学院对周厚健董事长的采访。

4.21　企业家是乐观主义者，而非机会主义者

企业是一个竞争主体，竞争主体一定要有风险意识，同时还要有冒险意识。风险意识意味着做任何事情要有底线思维，即判断事情一旦做错，最坏的结果是什么，企业是否能够承受。但另一方面，如果丝毫不冒险，也会丧失发展机会。

所以，要有效地把冒险和风险控制结合在一起，这样才能形成企业很重要的一种决断力。

作为企业的经营者和管理者，一定要有很好的乐观主义，同时一定要摒弃机会主义，要抓住企业好的运营规律，从企业自身实力出发，守住风险管控的底线，然后大胆去开拓与主业相关的领域，这样才能保证企业稳定、长期发展。

对海信来讲，我们强调安全，但当机会摆在眼前，尤其是提升技术、能力和产业高度的机会，一定要想方设法抓住。当然，做决策的时候还是要坚持底线思维，企业要冒险，但企业不能冒生死风险，只要不事关生死，很大程度上都是可以争取的。

来源：《海信董事长贾少谦：企业家是乐观主义者，而非机会主义者》，《中国企业家》，2023.03.16.

· 第三篇 ·

海信的战略坚守

战略可以被定义为企业长期目标的决定，以及为实现这些目标所必须采纳的一系列行动和资源分配。

——艾尔弗雷德·D. 钱德勒[10]
《战略与结构》

---

[10] 艾尔弗雷德·D. 钱德勒（1918—2007），企业史学家，战略管理领域的奠基者之一。

第 5 章

质量为先

优质的商品和服务能够带来持续的经济效益，因为优于竞争对手的商品和服务会更畅销。因优质而畅销的商品和服务，能不断地提高销售收入，并保持较低的成本，从而带来更大的赢利能力。对卓越品质的追求能够改善经营，并且营造出良好的质量文化。

根本性的变革不会随意发生。从客户的角度来看，产品质量的"优"不是偶然出现的。必须通过业务流程确保产品的质量。组织只有把坚持不懈地追求质量最优作为战略方向，质量才会得到保障。

通过设计、控制和持续改善产品质量和服务质量来获得更好的结果，这样的组织通常被称为世界级或标杆型的企业，它们已经达到了一种卓越的状态。保持卓越质量的企业会得到客户的高度认可，因为它们的产品和服务给客户带来了超出期望的体验，而这也将给组织带来持续的商业效益。

通过质量管理的方法追求卓越，能够产生更大的客户群体、更多的利益相关者和更高的员工满意度，这也使得组织能够长期保持经营效益。

——约瑟夫·朱兰[11]
《朱兰的卓越领导者质量管理精要》

11　约瑟夫·朱兰（1904—2008），现代质量管理领军人物，被誉为"现代质量管理之父"。著有《朱兰质量手册》《管理突破》等作品。

5.1　质量为先，是海信刻在骨子里传承发扬的经营理念

质量责任，重于泰山。纵观世界上的百年企业，无一不是依靠企业的产品质量而长青。无论技术和产品形态发生怎样的变化，无论企业经营内容发生怎样的变化，企业的产品质量和质量信誉是永恒不变的，只有紧紧抓住质量这条生命线，企业才能持续发展壮大。"质量不能使企业一荣俱荣，却足以使企业一损俱损。"这既是海信 50 年经营积累的宝贵经验，也是海信长期坚持的质量理念。

来源：《质量为先，是海信的生命线和价值观》，海信时代总第 759 期，2019.09.02.

5.2　产品质量就是企业诚信的载体

在现在这样一个交易耗时很短、靠点击鼠标就能完成交易的年代，诚信反而变成了一种更加重要的品质，而且越来越重要。消费者需要相信，他们购买的不是伪劣产品，而是

和宣传的一样物有所值。产品质量就是企业诚信的载体。海信明确提出质量就是人品，不能诚心诚意地为质量负责，就没有诚信，也得不到信赖。

来源：《海信百年，信赖不变——周厚健董事长在45周年活动上的讲话（摘录）》，海信时代总第676期，2014.11.20.

> 对产品质量来说，不是100分就是0分。
>
> ——松下幸之助[12]

5.3 质量是企业的生命

"质量是生命"绝不是口号，谁不敬畏质量就请离开岗位。什么事都可以讲情面，但质量的事不会讲情面。质量是企业的生命，这不是一句空话。质量不仅决定企业当期的效益，更决定企业未来的生死。

---

[12] 松下幸之助（1894—1989），日本著名公司"松下"（松下电器产业株式会社、松下电器产业、松下电器制作所、松下电气器具制作所）的创始人，创立"终身雇佣制""年功序列"等管理制度，曾获"戴明奖"等奖项。

来源：《周厚健董事长：质量问题首先是高层的责任》，海信时代总第 748 期，2018.12.06.

"重典"管质量永远没有错，因为这是百年海信的根基，不允许任何人动摇。海信经营的核心就是做高质量的好产品，让用户满意，让渠道客户赚钱。市场能记住企业的只有质量，产品功能、性能、可靠性等都是质量的概念。

来源：《周厚健董事长邮件透出强烈信号："重典"整顿工作作风、"重典"管质量开始行动！》，有信，2018.10.25.

5.4 谁砸了海信的质量口碑，我们就应坚决砸掉谁的饭碗

对质量没有敬畏意识，是危害企业发展的痼疾。谁不重视研发质量，谁砸了海信的质量口碑，我们就应坚决地砸掉谁的饭碗，这是为了保住全体海信人的饭碗，保住海信未来的命运。干部应认识到质量上的责任之重大，认识到质量意识的差距，坚决从认识、管理（包括质量教育），尤其是严肃处理质量事故的机制上做出能见到实效的调整。

来源：2017 年 9 月，周厚健董事长对干部研发质量工作认识批复的邮件。

5.5 质量是典型的长期利益

企业要活下去，要持续经营，就必须得到用户的重复购买和推荐购买。没有好的质量，重复购买和推荐购买就是空谈。企业遇到短期利益和长期利益冲突时，只要不涉及企业生死，一定是短期利益服从长期利益，而质量是典型的长期利益。

来源：《周厚健董事长：质量问题首先是高层的责任》，海信时代总第 748 期，2018.12.06.

5.6 能让市场记住企业和品牌的只有质量

能让消费者记住的有两条：产品好坏和对服务是否满意。产品和服务都很重要，二者的本质都是质量。一个企业管理好坏和盈利多少，消费者能记清楚的很少，但质量好坏消费者记得很清楚。如果消费者认为产品低档，不买产品，企业想走中高端的路就走不上去。

来源：2016 年 10 月，周厚健董事长在日本公司关于质量问题的讲话。

> 如果商品在使用中达到了人们的期望，人们就会感到满意并认为这种商品的质量好（至少是可以接受的）。反之，如果商品在使用中没有达到期望，人们就会做出产品质量不好的判断。
>
> ——雷纳特·桑德霍姆[13]
>
> 《全面质量管理》

我们什么都可以做砸，唯独质量不能，因为用户长久记住的就是我们的质量。

来源：《集团领导调研医疗新品研发：全方位大力度扶持新产业发展！》，海信时代总第781期，2021.11.22.

在重视市场的今天，应该更重视质量，因为抢占市场、稳固市场，质量是最有效的武器。社会上存在一些误解，好像到了市场经济时期，抢占市场仅仅依靠市场管理、市场运作或者广告宣传就行了。实际上，真正能够抢占市场、稳固

---

[13] 雷纳特·桑德霍姆，国际质量院士，曾获格兰特奖（美国质协颁发）、兰卡斯特奖，著有《如何成为卓越的国际质量经理》《全面质量管理》等作品。

市场、提高市场占有率的，只有产品的质量。我们要很好地占有市场，依靠的是我们的产品属性能够满足消费者的需要，这是根本的东西，而不是产品属性之外的东西。随着市场的完善、消费者素质的提高、竞争时间的持续，如果我们搞不好，就意味着我们将空间让给了别人。

来源：《周厚健董事长论质量》，海信时代总第 470 期，2006.12.08.

> 产品质量是生产出来的，不是检验出来的。
> ——威廉·爱德华兹·戴明[14]

5.7 品质没有折扣，质量没有讨价还价

许多人做事时常有"差不多"的心态，对于领导或是客户提出的要求，即使是合理的，也会觉得对方吹毛求疵而心生不满，认为差不多就行，但就是很多的"差不多"，产生了质量问题。

---

14 威廉·爱德华兹·戴明（1900—1993），美国质量管理学家。曾提出一种全面质量管理方法——"戴明循环"。著有《转危为安》等作品。

品质没有折扣，质量没有讨价还价。或许我们应该站在消费者的角度想一想：买回的酵母做的馒头里吃出一根头发，什么滋味？我们也许会说：10万袋酵母里才有一袋里有一根头发，有什么大惊小怪的？对我们来说是十万分之一，但对吃到头发的消费者来说，是100%。试想，如果什么事情只有99.9%的成功率，那么每年就会有2万次配错药事件，每年1.5万名婴儿出生时会被抱错，每星期有500宗手术事故，每小时有2000封信邮寄错误。看了这些数据，我们肯定希望全世界所有的人都能在工作中做到100%，因为我们是生产者，同时我们也是消费者。更重要的是，我们会因此感到每天的忙碌有了意义，而不是庸庸碌碌，只想换一口饭吃。

来源：《周厚健董事长引述"降落伞的故事"，再次强调：质量是一把手工程！》，海信时代总第733期，2017.08.07.

5.8 质量事故，对企业来说是致命的伤害

质量事故带来的影响是深远的，其负面效应不仅仅是眼前的看得见的经济损失，失去了顾客的信任才是对企业最致命的伤害，它将使企业的经营长期陷入低迷，需要企业付出百倍的努力去弥补、去消除顾客的疑虑，这个过程是异常艰难的，损失是无法估量的。不重视质量，掩盖质量问题，这

是对顾客不尊重，换来的只有顾客的投诉和唾弃。

　　服务和质量决定了消费者能不能明天还买你的东西，能不能推荐别人来买你的产品。消费者不会衡量企业管理、经营，只会衡量产品和服务是否让他满意。每次的质量事故提示我们，名气越大责任越重。每一次重大质量事故都提醒我们要反思和强化自身管理。质量问题首先是个道德问题。

　　海信历史上有个"0.01%=100%"的特殊等式。"青岛"牌电视早期返修率是以百分之零点零几来计算的，这一数字已属国际先进水平，但海信人认为，不合格的产品对企业来说仅占 0.01%，而对个体的用户便是 100%。

来源：《质量为先，是海信的生命线和价值观》，海信时代总第 759 期，2019.09.02.

　　产品质量管理存在重大隐患，根本原因是我们过多地关注了经营指标，而没有去考虑过程指标。大家对质量管理不重视，都在麻木地"等待"毁灭性的质量灾难出现。可以明确地讲，如果不警惕并及时"刹车"，百分之百地会出现质量灾难。

来源：《矫枉"必须过正""质量"时不我待——集团 23 日夜召开高管质量整顿预备会》，海信时代总第 647 期，2013.07.30.

5.9 切勿因短期利益去冒质量风险

创新是必要的，但绝对不能拿创新冒质量的风险。这句话听起来很矛盾，实际一定可以找到统一的办法。例如激光电视，激光技术是海信原本十分生疏的技术领域，但在其产品化、产业化的过程中，在市场上没有出现明显的质量事故。这不是因为激光显示公司的光学技术水平有多高，而是质量意识走在前面。激光显示公司采取的方法是：把第一批卖出去的担心有质量问题的产品事先跟用户讲清楚，会全部收回来换新，且迭代产品出来后兑现了这一承诺，这既不让用户对海信形成抱怨，也不给用户造成损失，很好地找到了既创新又不冒质量风险的统一办法。类似冷藏门带制冰机的创新产品，既可以先给内部人员试用，也可以送出去找友好用户试用。要习惯于用友好用户来保证两点：不给用户造成损失，只能让用户多受益；同时也不给海信产品造成质量负面口碑。

来源：《周厚健董事长：质量问题首先是高层的责任》，海信时代总第 748 期，2018.12.06.

对任何一家企业而言，最重要的肯定是人，除此之外就是产品，没有好的产品，即便有再好的想法和能力也不可能干好。从企业属性来讲，产品满足消费者需求才能实现企业发展和资本增值，这也是海信为何反复要求各公司和总经理们要重视产品，重视产品的领先性，重视产品的质量，重视产品的用户体验。一切措施都要围绕产品的质量口碑。

来源：《周厚健董事长：超声产品意义深远、责任重大，必须保证质量加快上市一炮打响立得住》，有信，2020.08.10.

5.10 研发质量是产品质量最重要的源头

对质量的层层教育和灌输不能减弱，尤其是对研发质量的灌输。研发质量是产品质量的源头，研发决定了产品的先天质量，产品如果先天有缺陷，后天怎么弥补都徒劳。研发必须服从质量管理，研发绝没有凌驾于质量管理之上的道理，不可"牛哄哄"地不让别人管。

来源：《质量是天！！！周厚健董事长专赴黄岛调研电视出口情况》，海信时代总第716期，2016.08.22.

从事技术研发工作，必须遵循其自身的科学规律。只有从点滴做起，从基础做起，扎扎实实，一步一个脚印，才能最终取得突破。在研发过程中要始终把质量放在首位，任何一项技术、产品都要在质量上过关。坚持诚信的原则，实事求是做研究，客观务实干工作。谨记责任，牢记对企业、对员工、对社会的责任。

来源：《集团部室、各公司深入学习、贯彻落实周厚健董事长在第四届全球客户大会上的讲话——坚持技术立企不动摇》，海信时代总第561期，2009.11.16.

5.11 "降成本"概念转变为"讲成本"概念，来保证产品质量

在"中国制造"的品质革命中，企业需要有一个意识上的转变，即将单一的"降成本"概念转变成"讲成本"概念。这个意识上的转变十分重要，前者往往以压降成本为目的，而后者要根据产品价值实现的需要，该降的成本坚决降下去，该增加的成本必须增加。一个好的品牌最大的内涵就是质量，海信在整个集团层面，将单一的"降成本"转变成"讲成本"，该降的、能降的成本坚决降下去，该增的成本、该提上去的成本必须增上去，来保证产品质量，让消费者满意。

来源：《高质量发展、智能制造、山东机会——2018周厚健董事长两会观点微记录》，海信时代总第737期，2018.04.04.

在"降成本"中不能牺牲质量指标，不能冒质量风险，要严格用试验数据说话。我们不能只考虑降成本，好像市场上价格低了我就卖得动了，如果把质量搞砸了，我们将什么都没有。年薪制中质量指标必须是否定指标，而且是全部否定的指标。

来源：《周厚健董事长论质量》，海信时代总第470期，2006.12.08。

5.12 质量是一把手工程

质量是一把手最重要的工作，一把手不抓质量，就没有人重视质量。要想全员重视质量，尤其让研发环节重视质量，一把手必须树立起科学严格的质量意识。一旦一把手对质量有松懈，结果马上就会反映出来。如果质量不好，规模就不可能继续增长，因此宁可把规模增长速度降下来，也必须把质量赶上去。质量搞不好就不要做一把手。

质量管理的根本问题是各公司一把手和质量分管领导没有真正建立起科学严格的质量意识和质量敬畏，最大问题是没有重视质量管理队伍建设和管理，质量意识下滑，尤其是质量管理不能有效延伸到研发领域。

质量事故，首先是高层的责任，因为质量是一把手工程。质量问题全冲着基层去，不可能改进。

来源：《周厚健董事长：质量问题首先是高层的责任》，海信时代总第 748 期，2018.12.06.

质量是一把手工程，要严肃一把手对质量的责任，明确质量下降就是砸一把手的饭碗。一把手更应该关注的是市场需要什么，是应该开发什么样的产品，是成本价格到底是多少。但是必须清楚地认识到，质量是我们的基础，没有质量，其他的再好都没有用，所以我们对质量的观点是"质量不能使企业一荣俱荣，但足以使企业一损俱损"。质量工作的特点，就应该是一把手工程，因为质量是由全员来保证的，只有一把手能够支配全员的行为。

来源：《周厚健董事长论质量》，海信时代总第470期，2006.12.08.

5.13　质量事故必须按照"四不放过"原则处理

质量事故必须按照"四不放过"原则处理，即原因不查清不放过，问题不解决不放过，后续改善提高措施不到位不放过，责任不追究不放过。要把事故原因查清楚，要教育责任者和员工，要制定出措施以防再犯，要追究处理责任人，但绝不是仅仅处理人。对质量事故原因的查找，不要只找下层，要从上层开始找。

来源：《周厚健董事长：质量问题首先是高层的责任》，海信时代总第 748 期，2018.12.06.

质量是天大的事，一把手必须管实质量；对质量问题的反应要迅速，"四不放过"原则必须严格到位，尤其是要准确识别问题的根本原因，并教育到位、防范到位，一定不要认为还没有影响市场而放松。

来源：《质量是天！！！周厚健董事长专赴黄岛调研电视出口情况》，海信时代总第 716 期，2016.08.22.

5.14 对于质量，一把手必须亲自抓好三件事

一是一把手就是责任承担者，不懂质量就不要干一把手。即使有分管质量的副总，很多质量管理责任还是一把手的。一把手首先要亲自抓好质量队伍建设。质量管理队伍建设不好，质量工作就不可能抓好。要设置合理的机制，汇聚优秀人才做质量管理。

二是要抓好全员质量意识，这是抓好质量的基础工作。能够创造条件让全员重视质量的只有一把手。

三是坚决避免不分具体责任、出了质量问题就处理质量干部的倾向。质量问题是业务环节形成的，产品质量是做出

来的，质量管理是让做的过程更好、更规范、更容易控制。因为业务环节做得不好形成的质量问题，不分责任处理质量管理人员，就不会有人来做质量管理。反过来，质量管理人员一定不能说质量不好和自己没有关系。质量讲符合性、有效性，业务环节不符合是业务环节人员的责任，但质量管理人员若没管，就是质量管理人员的问题。

来源：《周厚健董事长经营通报会强调：短期行为已多到"伤筋动骨"，"逢事先考虑长期"必须成为价值观》，有信，2018.12.10.

5.15　质量考核要铁面无私

质量考核要严肃，要硬，要铁面无私，要站在全集团的利益上，要考虑全体员工的利益，要考虑全体员工的饭碗，不要考虑是否给哪一个人带来损失，这个利弊关系我们一定要权衡。各级干部都需要明白，如果对质量工作人员的工作放松了、迁就了，最后的损失远远不是处理他一个人的损失。如果我们做到了这一点，我们的质量标准就能不折不扣地执行下去。一旦出现质量指标下滑，我们不会迁就一把手，首先要追究一把手责任，首先要向一把手开刀。

来源：《周厚健董事长论质量》，海信时代总第470期，2006.12.08.

5.16　质量问题是全员管理，质量标准必须人人清楚

质量问题是全员管理，质量标准必须人人清楚，任何人都不能违反。因此，全员质量教育必须成为各公司的重点工作，质量教育必须成为整个集团干部，包括人资干部、后勤干部，必须掌握的基础常识和常用工具，考试必须通过是基本要求。

来源：《今天的生存，明天的发展——周厚健董事长在"年中经营圆桌会"上的论述》，海信时代·年中经营会特刊，2013.07.15.

要把质量人员的培养严格纳入人才规划中，并在体系审核时重点核查，确保质量人才后继有人，我们不仅要培养人才、引进人才，还要聘请国外大公司有质量管理经验的人帮助我们提高质量。导致质量下降的一个很重要的原因，是没有把质量工作人员放在很重要的位置上，更没有在质量方面进行人才规划，所以从事质量工作的人员素质在不断下降。

来源：《周厚健董事长论质量》，海信时代总第470期，2006.12.08.

5.17 保证质量是研发人员技术水平的体现

保证质量是研发人员技术水平的体现，这个观念要给研发人员牢牢地树立起来。很多年轻的技术人员会把保证质量和技术能力分开来看。一个企业，其产品质量几乎是用户唯一能长期记忆的要素。

日本三洋家电公司，在比较大的家电公司中是第一个倒闭的。中国改革开放以后，日本首先涌进中国市场最多的家电就是三洋的收录机，当时叫"半头砖"，最后这些收录机大部分都坏了，这是严重的批次设计问题，给消费者造成三洋产品质量不好的印象。随后，三洋电视进入中国，索尼、松下等品牌电视也都进来了。我那时候修电视修得最多的就是三洋，竟然没有修过一台松下电视。此后，三洋电视在中国就卖得不好。如果当时三洋把质量做好了，只守住中国这一块市场也倒闭不了，起码不是最先倒闭的企业，其倒闭的根本原因就是质量不好。

这说明一个企业若要长期生存（未来有用户的重复购买和推荐购买），必须有很好的产品品质。产品质量首先是设计出来的，这决定了产品的先天健康。就像一个人的身体，先天不足，后天难补。此处讲的"后天"，就是制造和材料。生产、出厂环节的把关不是提高产品质量的根本措施，而是在控制结果。就像学生考试，是为了检验和选拔，而不是培养，学业水平主要是靠学习知识的过程形成。这便是我们的各种质量实验方法、设备、实验室建在研发中心，而不是建在工厂的原因。

来源：《周厚健董事长出席多媒体研发组织架构和研发流程调整宣贯并强调：研发要出成果，更要出人才》，海信时代总第731期，2017.05.31.

5.18　海信质量管理七条军规

第一条　质量不能使企业一荣俱荣，却足以使企业一损俱损。

一个人的命运是由他的品格决定的，一个企业的命运则是由它的产品质量决定的。因此，一个企业的产品质量在某种意义上代表其经营者的品德。百年大计，质量为本；要做品牌，先做品德。懂得质量规律的经营者不一定是好经营者，但不懂质量规律的经营者肯定不是好经营者。一个企业，如果没有好的产品质量，肯定不会长久。质量管理绝对是一把手工程，员工往往从一把手的言行中判断一件事情的重要性，如果你停留在表层上，做表面文章，员工和质量的结果就会敷衍你。所以，一个企业必须把质量意识先楔入一把手和整个班子的骨子里。

第二条　用户是质量的唯一裁判。

企业的开发、生产和销售必须全部以用户满意为中心，企业的根本目的是最大限度地赚取利润来回报股东与社会。利润来自用户，因此，我们必须不断地让用户满意。用户标准是企业的最高质量标准，用户是质量的唯一裁判。在质量上，国际标准是最低标准，国家标准也仅仅是一个国家的最低标准。我们批评国外汽车的召回，其实，召回的结果是不好的，但召回的确是一种负责任的行为和态度。

第三条　技术创新是产品质量的根本。

如果把一个企业比作一个木桶，技术和质量是桶底，其他都是桶帮。技术更是产品质量的基础。一个企业，技术创新的能力是核心能力，只有建立在这个能力基础之上的质量管理体系才是有效的。一件新的好产品，是消费者的需求。新，靠技术的推陈出新；好，除了满足消费者价格接受程度，就是在品质上超越消费者的要求。技术创新其实并不仅仅是不断创造新的产品，采用新的技术手段不断提高产品的设计质量、制造质量也是一项重要内容。

第四条　善待供应商就是善待自己。

提高或者保证产品质量，必须善待供应商，否则，供应商可能与你"同床异梦"。损害或者剥夺供应商的利益就是在损害自己的利益。物质不灭是自然规律，也是经济规律。一个具有远大理想与目标的企业要有专门的质量工程师帮助上游供应商进行培训、诊断、改进革新，供应商的进步有助于原材料品质的提高。

在采购环节，必须坚持"质量第一、价格第二"的原则，遵从"99%=0""1=100%"的采购哲学观。就是说，如果一件产品有100个零部件，只要有一个不合格，这件产品就是完全失败的产品。而在保证零部件质量上，增加1元的投入则可能在减少服务费用、增加品牌价值上相对收益100元。

第五条　质量就是人品。

人品决定产品。劳动力素质、劳动者的态度影响着产品质量。因此，不断提高员工素质是保证产品质量的前提。正直是人所应有的第一品质，因此，选择质量管理人员，要挑选那些富有责任心同时又有创新意识和灵活性的管理者，而选择质量检验人员，最好选择那些为人正直、严谨甚至"苛刻"的员工，并且给他们最高的待遇、最能发挥才能和作用的工作环境。

在保证人的质量的前提下，制造设备一定要精良。这方面要舍得花大钱。尽管，这样做代价会十分高昂，但大投入等于小成本。设备上的大投入可以使你的质量成本达到最优。现在，大家都知道ISO 9000，都力图通过这个认证，但通过以后呢？ISO 9000绝对不能成为形式，而应该是一个能让企业持续改进的工具。

考察了国外的先进企业，我们发现，我们绝不比外国人笨。我们清楚地知道该怎样做，问题是我们的一些企业有时并没有去做。不认真、不严谨像缺钙一样，成为司空见惯的通病。这是质量工作的大忌！

第六条　创新是重要的，但绝对不能以创新为由改变质量标准和传统但适用的方法。

质量管理不能偷工减料。我们的设备和方法在改进，但我们先进严谨的管理意识不能滑坡。在质量上，我们面对的也是一条"生命"——企业的生命。轻视质量，就是在扼杀一条生命。在企业内部，质量绝对不能屈从于销售。市场销售再火爆，提货的人再急，质检员也不能马虎。我们宁可丧失暂时的市场份额，也不允许破坏长远的市场。

第七条　质量是企业业绩的红绿灯。

质量上的投入，回报不仅仅是口碑，还有企业的效益。要知道，产品的早返率每降低一个百分点，就可能意味着提高几个点的毛利。向质量要效益是企业高层管理者成熟的标志。与扩大生产规模、加大生产投资相比，一个企业向质量管理要成本，是零投入，是以一当十。

来源：《经验是海信的，也是大家的——海信质量管理箴言》，海信时代总第 334 期，2001.07.18.

第 6 章

技术立企

竞争未来的一个重大挑战，是如何抢先建立通往未来商机之门的专长，以及如何使现有核心专长派上新的用场。如果公司有意在未来的市场上获取巨大的利润份额，就必须建立起能对未来顾客所重视的价值起巨大作用的专长。然而在某一重要的核心专长方面要建立起世界领先地位，可能要花5年、10年甚至更长的时间，任何想在未来机遇中获取巨大利润份额的公司，现在就必须知道为了未来应建设哪些核心专长。

核心专长是能使公司为用户提供某种特定好处的一组技能与技术。建立专长的列车一旦驶离车站，再想上车就很难了。因为专长建设更多的是靠知识积累，而不是因某项发明导致的巨大跃进，因此我们很难压缩建设专长所需的时间。纵然产品周期可能会变得越来越短，但要在核心专长上取得领先地位，仍可能要花费数年而不是数月的时间。

核心专长是未来产品开发的源泉，是竞争能力的"根"，单个产品和服务则是"果"。每个公司的最高管理班子不仅要为保护公司在现有市场中的地位而争，还要为公司在新市场中的地位而争。所以，凡是在建立并维护核心专长上未能负起责任的最高领导班子，等于不自觉地把公司的未来典押出去了。

——加里·哈默　C.K.普拉哈拉德
《竞争大未来》

6.1 技术立企是海信一直秉承的长期发展战略

产品和技术，是海信发展的命脉，技术立企是海信一直秉承的长期发展战略，是海信企业文化的重要内涵，也是海信品牌的特质。

来源：《海信集团 2021 年度经营工作报告》，2021.02.

市场经济的一个重要体现是竞争机制，而竞争的目的是最大限度地赢得消费者。消费者选择商品时绝非选择名气、广告、管理，而是选择产品本身的属性，即产品的功能、性能和质量。这主要是由企业的技术水平决定的。海信所处的电子行业技术含量很高，拥有自主知识产权是发展的关键。海信选择了信息产业，就必须执着于技术，技术的好坏不仅决定了产品的好坏，更决定了经营的好坏。

来源：《技术是海信发展的根本——中央电视台〈焦点访谈〉对周厚健董事长的专访》，海信时代总第 436 期，2005.04.28.

6.2 技术是海信最坚实的护城河

技术是海信最坚实的护城河,也是海信最鲜明的基因与个性。无论环境和竞争的挑战多么复杂,追求技术领先一直都是海信超越行业技术迭代挑战,实现规模增长的核心秘诀之一。在海信,技术永远是主旋律。

来源:《贾少谦总裁:在不确定中坚持"确定性"》,海信时代总第 780 期,2021.11.04.

> 找到核心竞争力,才能找到公司的未来。
> ——加里·哈默 C.K.普拉哈拉德
> 《竞争大未来》

6.3 技术是实现产品和其价值的根本能力和手段

产品是满足用户需求的核心,也是企业价值输出和经营的核心,而技术是实现产品和其价值的根本能力和手段。要聚焦附加值高的产业链与核心技术,构建企业长期持续发展能力,积聚高质量的爆发力。

来源：《海信集团 2021 年度经营工作报告》，2021.02.

  高质量好产品应是各公司对其所有产品的整体追求，而不是一个或少数产品。做出高质量好产品的一个重要支撑是技术，不解决预研和技术投入问题，就无法支撑产品力的提升、产业的拓展。

来源：《海信集团 2022 年度经营工作报告》，2022.02.

  企业经营的根本是产品，而没有创新的技术支撑就难以研发出差异化的高质量好产品。

来源：《强化技术研发，重塑技术优势，必须奋起直追》，海信时代总第 757 期，2019.06.03.

  实现跨越的组织应避免对技术采取盲目狂热和追赶潮流的做法，但它们会精心挑选技术，成为应用这些技术的先驱。

——吉姆·柯林斯
《从优秀到卓越》

6.4 "技术领先"是市场竞争取胜的前提条件

技术决定了产品的各个竞争要素，包括功能、性能、质量、性价比、形态、交期。领先的研发技术可以决定产品的功能和性能，可以开发出充分满足消费者需求的产品款式，可以保证最优的性价比，可以第一时间保证产品与消费者见面，提前交货。企业只有在技术创新上坚持不懈，做到技术领先，才能保证产品在市场上有竞争力。强大的技术实力是产品质量的保证。

来源：《集团部室、各公司深入学习、贯彻落实周厚健董事长在第四届全球客户大会上的讲话——坚持技术立企不动摇》，海信时代总第 561 期，2009.11.16.

6.5 核心技术是桶底，其他进步因素是桶帮

核心技术是桶底，其他进步因素是桶帮。没有桶底，桶帮再高也存不住水。

来源：《周厚健董事长：警惕"技术研发被严重弱化"！》，海信时代总第 715 期，2016.08.03.

6.6 武器不行就不要打仗，产品不行就不要干企业

企业的所有经营工作讲到底是效率问题，如果一项工作没有效率，那么它就没有存在的价值，这是由企业的规律和定位决定的。

领导重视效率不能仅留在口头上，要切实关心激励与淘汰机制（将"不行的人"淘汰），要切实关注产品立项过程（该立或不该立），要切实关心费用的投入，否则会造成对整个开发队伍激励不足、淘汰力度不够的局面。

作为领导，在产品立项时要清楚产品的输入原因、产品特点、产品的市场目标。如果只愿意投入销售费用而舍不得研发投入，企业经营将成为"无米之炊"——企业没有产品就等于上战场没有武器，根本无法打仗。应该讲，如果没有研发工作的支撑，就没有公司的稳定发展。

来源：《重温周厚健董事长在2002年技术创新体系宣贯会上的讲话》，海信时代总第757期，2019.06.03.

企业是像军队一样的组织，如果没有斗志，这个组织就不应该存在，因为其不适合与外界竞争。企业最重要的成果不是收入，不是利润，是产品。产品里面凝结着企业文化。始终做先进的产品，企业才能保持长盛不衰。

武器不行就不要打仗，产品不行就不要干企业。如果你的产品是同质化的，用户用原来的产品习惯了，你就没有机会。如果能创造差异化，更好地满足用户需求且使用方便，你就拥有机会。

来源：《周厚健董事长出席多媒体研发组织架构和研发流程调整宣贯并强调：研发要出成果，更要出人才》，海信时代总第731期，2017.05.31.

伴随全球一体化进程的加快，我们必须和实力强劲的国外大公司在同一个市场上竞争——不管是在中国市场，还是在外国市场。面对这种局面，中国企业应该怎么办？其一，我们要尽快大幅度提高企业的劳动生产率；其二，努力缩小技术上的落差，尽快进入一个"思路明确、机制优越"的技术开发状态，否则落后就要挨打。

来源：《周厚健董事长在海信集团2003年经济工作会议上的讲话》，海信时代总第369期，2003.02.17.

6.7 产品研发脱离公司管理，必定给企业造成损失

产品研发脱离了公司，不受公司的管理，必然离市场渐

远，在市场上对产品的反应便会迟钝。一个事物长期脱离管理，其责任也会逐渐弱化。这就好比即使是亲生儿女，你将他们寄养在别处，你的责任意识也会逐渐弱化一样。公司对产品要求的强烈程度也逐渐被弱化。公司开始感到没有抓手，时间久了，便会被动放弃这种追求。这必定给企业造成损失，使竞争落于下风。

来源：《周厚健董事长出席多媒体研发组织架构和研发流程调整宣贯并强调：研发要出成果，更要出人才》，海信时代总第731期，2017.05.31.

6.8 合理分配短期研发、长期研发资源，始终坚持追求研发深度

在研发工作中，面对技术的飞速进步，需要及时引进、吸收、采用最先进的技术，保证应市产品的竞争力，这是非常紧迫的工作，稍微懈怠，就将造成直接市场损失。但同时也应该清醒地看到，虽然经过几十年的发展和积累，面对国际先进的竞争对手，我们在核心技术、原创性技术、知识产权上仍然差距巨大，只有在核心技术上培养起自己的开发能力、创新能力，才能为公司的持续发展提供坚实的支撑。在技术研发中要合理分配短期研发、长期研发资源，始终坚持追求

研发深度的方针不动摇。

技术研发工作需要有科学的方法指导和规范。随着技术的不断进步，研发工作的复杂程度越来越高，涉及的人员、部门也越来越多，只有遵循科学的方法、规范，才能取得预期的效果。研发流程不仅是技术研发按时、保质完成，取得成功的保证，也是形成技术积累、提升综合能力的保证。

来源：《集团部室、各公司深入学习、贯彻落实周厚健董事长在第四届全球客户大会上的讲话——坚持技术立企不动摇》，海信时代总第 561 期，2009.11.16。

今天不投入，明天的经营就会乏力、枯竭。做企业必须把短期行为和长期行为平衡好。对预研不重视就是短期行为使然，是观念问题，是认识问题。

对企业来讲，第一位的是应市，第二位的是预研。没有"第二位"，明天的"第一位"就没有保障。应市和预研人员要定期流动。坚决淘汰混饭吃的无能人员，更要坚决调整不称职的干部。

来源：《干部·用人·机制——周厚健董事长再为多媒体研发干部"调思路"》，海信时代总第 722 期，2016.12.03。

对低技术产品，可以今天提一个项目，明天就推出来产品；而高端产品则不然，不仅要求我们要选准技术、产品，还要在开发方式（合作抑或引进）、人才储备（引进、培养）、资金投入、开发进度（对市场的分析）等方面有明确的要求和措施，这一切都需要规划，只有这样才能有效地推进高端产品。

来源：《周厚健董事长在海信集团 2003 年经济工作会议上的讲话》，海信时代总第 369 期，2003.02.17。

6.9　寻求与优秀企业的合作，是我们缩小差距的有效方法

开放，使我们意识到引进先进技术、引进先进思想的重要性。倘若我们不能克服闭关自守的思想，将是很危险的。

寻求缩短技术差距的途径，绝不能仅着眼于眼前的应市产品。我们所倡导的高端产品也不是一切从零开始创新，而应依靠自主开发，充分利用引进技术、充分利用与外国大公司的合作来谋求企业的再发展。为什么我们这么强调与外国大公司的合作呢？因为如果我们能够与国外大公司取得合作，我们的开发平台将得以大大提高，在提高以后的平台上进行自主开发，我们的自主研发水平将会得到根本提高，从而为缩小与国际先进水平的差距创造必要条件。

海信当年如果没有彩电技术的引进，没有空调技术的引

进，没有通信技术的引进，肯定没有今天这三大产品公司的良性发展。可见，努力寻求与外国大公司的合作，是我们缩小差距最有效的方法之一。但是我们不可能永远依赖引进，而应该坚定不移地走自主开发的道路。

来源：《周厚健董事长在海信集团2003年经济工作会议上的讲话》，海信时代总第369期，2003.02.17。

6.10 寻求可持续发展，必须坚持自主创新不动摇

一个可持续发展的企业，必然是坚持自主创新不动摇的企业。一个企业要想长期健康地发展，首先要有自主创新的意识，将自主创新划入企业的长期战略规划中。要意识到企业创新的效果，不仅取决于企业的技术积累与人才积累，还取决于企业的文化积累。只有有了创新的文化氛围，企业的每一个组织与员工、企业的每一项决策才能够在工作中体现出来，技术才可能领先。企业管理者要从思想上认识到，技术创新固然重要，但如果仅仅注重技术创新本身，那这个创新是不能持久的，必须有自主创新的长远规划。

来源：《周厚健董事长两会观点：创新文化比创新技术更重要》，海信时代总第463期，2006.03.17。

6.11 "研发深度"不是"深度研发"

研发深度实际是指适应市场的更难的技术，一定不要理解成前面研究的是经典力学，后面研究的是高速力学，那叫作深度研发，实际不是这样。应该这么理解：研发深度是市场在这个方向的需求有 10 个企业在研发，里面有你；浅层次的研发是有 20 个企业在研发，里面才有你。

来源：《海信没有副业都是主业——周厚健董事长接受媒体记者采访观点摘录》，海信时代总第 677 期，2014.12.05.

6.12 研发的价值是为了上市

太多的人在拖拉，很多产品错过了上市的机会，只有上市才有持续改善的机会。

来源：《周厚健董事长：研发的关键是技术突破》，海信时代总第 672 期，2014.09.26.

研发既是把钱变成技术的过程，更是把技术变成钱的过程。

来源：2022 年 8 月，海信学院对周厚健董事长的采访。

竞争讲到底是时间的竞争，产品的上市速度对产业发展有着极其重要的意义，两年上市还是四年上市，将直接决定该产品在行业中的地位。一款电视产品，10 个月的时间变更了 11 次，耗掉了大量的时间，怎么可能在市场上抢先。这种状态浪费掉的不仅仅是研发费用，还有企业发展的机遇，以及企业的竞争态势和竞争优势。

因此，对于"时间"，应该研究出强有效的激励机制，以促进高端产品在高质量的前提下快速开发、快速上市。

来源：《周厚健董事长出席多媒体研发组织架构和研发流程调整宣贯并强调：研发要出成果，更要出人才》，海信时代总第 731 期，2017.05.31.

6.13 技术开发不要花两份钱干一件事

相似或相近技术开发要集中在一个机构，而不是各干各的、重复开发、浪费资源，集团内部不要"百家争鸣"。

相似或相近的技术开发，集团内部应该集中在一个机构，有需求的公司可以投资或派人，但绝不是各干各的。集团内专业要有分工，不是什么技术谁都可以进入，懂和不懂差别很大。不要花两份钱干一件事。

来源：《周厚健董事长强调技术开发打通共享：集团内不要"百家争鸣"》，海信时代总第 765 期，2020.01.15.

6.14　只做二次研发，企业生命力不会强

如果一个公司整天做二次开发，这个公司的生命力不会强。尤其是我们这样的大公司，如果整天做二次开发，在行业的位置一定会越来越落后。

来源：《创新是总经理必须重视的工作——重温周厚健董事长在"海信创新探索"讲座中的几个观点与要求》，海信时代总第 715 期，2016.08.03.

6.15　研发数据保密工作做不好，将给企业带来生存危机

随着自主创新能力的不断提高，海信在多个领域保持技术领先并取得众多专利，这是海信获取市场领先地位的重要保证，也是海信做百年企业的根基之一。研发数据保密工作是企业发展的需要，谁不愿接受这一管理，谁就立刻离开海信。

研发保密工作，往小里说是产品的竞争，往大里说就是企业的经营，甚至对某些产业来说就是生死存亡的大事，因为一旦失去了技术的领先，很可能就失去了发展的机会。

员工保密意识欠缺，作为领导，首先要反思自己是不是存在保密意识淡薄的态度，其次是考虑保密意识教育是否已经到位，是否让员工从内心深处意识到了保密的必要性。要从领导层、态度、意识、管理制度多方面下手，让保密意识由"被动"变"主动"。

来源：《研发信息保密关乎企业生死存亡，周厚健董事长：谁不愿接受研发保密管理就请谁立刻离开海信！》，海信时代总第755期，2019.05.05.

第 7 章

稳健经营

作为企业，随着自身的不断发展，必然会具备进行大刀阔斧推动经营多元化的能力，但是当企业规模还不是很大时，这种做法则具有极高的风险。因此，原则上企业首先需要夯实在自身主业方面的基础，然后再在此延长线上寻找推进多元化的突破口。

然而，由于企业的多元化进程必然会伴随着巨大的风险与困难，因此事先就需要做好相应的铺垫。企业首先必须做到的一点就是拥有足够的财务实力，以便当多元化进程遭受挫折时，企业依然能够支撑下去。为了实现这个目的，企业有必要提高既有业务的收益率，确保企业坚实的财务基础，确保企业在蒙受少许损失时也不会产生任何动摇。

如果一家企业具备了能够不被轻易动摇的财务实力，其经营者也拥有超出常人的斗志与激情，并且对于不管怎样细微的环节都能够做出认真谨慎的判断，那么这种企业也就无须再画地为牢、自甘于中小企业的范畴，完全可以鼓足勇气，推动企业经营的多元化进程。

——稻盛和夫
《创造高收益》

7.1 用户是第一稳健，财务是第二稳健

10个亿的销售收入，你有50%的回头客，我的全是新用户，我的经营就极其不稳健。因为我不知道明天这些用户会不会再来，但是你可以知道明天你还有50%的用户。所以说，用户是第一稳健，财务是第二稳健，没有用户无从谈财务。

来源：2022年8月，海信学院对周厚健董事长的采访。

7.2 稳健不代表保守，是兼顾企业近利与发展统一

稳健不代表保守，更不代表慢，关键在于如何有效地提升风险防控能力。

来源：《海信集团2021年度经营工作报告》，2021.02.

稳健经营需要耐得住寂寞，经得起诱惑，坐得了冷板凳。海信始终坚持稳健的财务体系，因为海信始终认为，在涉及

肚子和面子的问题上，肚子比面子重要；在涉及利润和规模的问题上，利润比规模更重要；在涉及企业安全的问题上，没有任何事情可以动摇"安全第一"这个原则。

来源：《贾少谦总裁：在不确定中坚持"确定性"》，海信时代总第 780 期，2021.11.04.

> "从爬行到行走再到奔跑"是一个很有效的方法，即使在重大且急剧的技术变革时期，这个方法也不例外。
>
> ——吉姆·柯林斯
> 《从优秀到卓越》

7.3 涉猎新的产业，要先用子弹，不要用炮弹

涉猎新的产业，要先用子弹，不要用炮弹。因为子弹成本代价低，一旦出现风险，不会把企业拖入沼泽。在横向上，产品的相关性很强时可以扩张，但是漫无目的地扩张非常危险。

做企业必须冒险，但冒险的方式一定要控制好。风险兑现的概率比较低，一旦风险兑现了，受到的损失是可以承担

的损失。不能采用更高的成本和代价去冒险，一个产业如果做到很大还没有赢利，只会让你扔不掉也守不住。实际上，我们很多产业应当做大，不应当亏损却正在亏损。这时我们就应该想一切办法赢利，而不能盯着亏损继续扩大规模。

来源：《今天的生存，明天的发展——周厚健董事长在"年中经营圆桌会"上的论述》，海信时代·年中经营会特刊，2013.07.15.

> 企业的首要责任是要生存下去。换言之，企业经济学的指导原则不是谋求利润最大化，而是避免损失。因此，一个企业必须生产出能够补偿它在经营过程中要承担的风险的保险费。这种风险保险费只有一个来源：利润。
>
> ——彼得·德鲁克
> 《管理的实践》

7.4 资金安全直接关系到海信的生存

资金安全是直接关系到海信生存的大问题。盲目扩张、资产负债率过高的企业已经遇到了危机，这给我们敲响警钟：必须坚守稳健经营的底线——确保资金安全。尽管我们在规模上取得了较大幅度的增长，但同时也要看到，增长中很大一部分是以放松资金安全为代价的，全体海信人要充分意识到这个危机！

绝不可认为业绩不错而头脑发热或骄傲，轻视经营安全，对潜在的危机视而不见，对要求听而不闻。

来源：《居安思危，将危机意识渗透到海信的各级组织》，海信时代总第782期，2022.02.03。

7.5 资金管理要上升到"经营革命"

资金不是孤立的，在加快资金周转时，必须系统地考虑经营、管理，绝不能一味地就资金抓资金，要从对经营的基本认识和供应链计划入手，深入下去，切实提升经营能力，用正确的方法把资金占用降下来，健康地降低资金占用，而不是蛮干。

企业经营安全的保障线绝不可逾越，忽视这个问题就是拿企业的安全开玩笑，尤其是在流动性紧张、钱最"值钱"的时候，这是极其危险的。海信之前经历了很多事情，但都平平安安地过来了，根本原因就是重视这个保障线。

如果说应收账款还有意义，那存货则是毫无意义地白白浪费资金，每个物料都要画出采购周期与安全库存。存货包括储备资金和产成品资金。储备资金占用额取决于安全库存和采购周期，如果采购的周期缩短一半，那安全库存就能降低一半。销售计划的准确性则决定了安全库存，所以要尽量把计划做好，同时通过提高发货频次，降低安全库存。

来源：《周厚健董事长——要把"资金管理"上升到"经营革命"》，海信时代总第 743 期，2018.07.31.

7.6 要从资金的角度去看待、分析每一个业务环节

在企业经营过程中，无处不充斥着资金问题。要使加速资金周转工作见到成效，就要从资金的角度去看待、分析每一个业务环节，这样一来将发现加速资金周转有很多工作需要做，绝不是一项仅与采购、仓库、销售工作相关的工作。如果在有些工作岗位体会不到资金的影响，不妨把资金换成工作时间，就会理解得更直观。比如说，材料购进的时间、材料在车间停留的时间、整机在运输途中的时间、成品在仓库停留的时间、设备发生故障的时间、技术图纸修改的时间、转产占用的时间和一个品种不连续生产中间间隔的时间，这些因素都和资金占用有着密切的联系。可见，"降低资金占

用"由许多环节构成，与许多人的工作都有着密切的联系。

来源：《周厚健董事长在海信集团2003年经济工作会议上的讲话》，海信时代总第369期，2003.02.17。

7.7 "降低资金占用，加速资金周转"要从计划抓起，从流程抓起

"降低资金占用，加速资金周转"要从源头抓起，即从计划抓起，从流程抓起。若要使各环节工作时间得到控制，一定要以计划和流程为基础来开展工作。计划有三个过程：准备过程、制订过程和执行过程。在准备过程中，用一天的时间收集到和用十天的时间收集到市场需求、生产准备等所需信息的决策者，对市场需求的把握程度是大不一样的。在计划制订过程中，在有了所需信息以后，是用半天还是用十天时间制订出计划，同样会影响与市场需求的准确衔接。只有信息收集工作既快又准，制订过程相对科学（即资源既不浪费，又无不足），计划才能得以严格贯彻。只有严格执行计划，整个系统才能够有序进行。因此，计划过程的完善显得尤为重要。

来源：《周厚健董事长在海信集团2003年经济工作会议上的讲

话》，海信时代总第 369 期，2003.02.17.

7.8 危机之下决定企业生死的是现金

在企业最困难的时期，现金是唯一有用的东西。资金不等于现金，有时企业就是因为资金不当增大而死掉。现金就好比一个人的血液，如果一个人血液枯竭了或者不流动了，这个人还怎么活？这是一个非常恰当的比喻，血液枯竭了，人不能活了；血液不流动了，人也不能活了，因为营养送不到身体各部位的细胞里。资金占在库存里面不动，占在应收账款里面不还，这就叫不流动。大家一定不要认为资金稍微不流动没问题，尤其盈利还行时。利润增长不代表企业死不掉，当你的利润增长了，但钱回不来（用的权责发生制），企业转不动了照样会死掉。

《企业破产法》中的破产标准是什么？不是企业盈利不盈利，不是企业亏损不亏损，也不是企业的资产负债率有多少，哪怕你的负债率是 60%、70%、80%，甚至到了 100%，这些都不是破产标准。破产的标准就是无力偿还到期债务（没钱还债了）。

来源：《我们的 2020：根除"顽症痼疾"，重塑干部自驱力，实现海信崛起！——周厚健董事长重塑干部作风专题讲话摘录》，

海信时代总第 766 期，2020.04.24.

> 利润是生存的必要条件，也是达到更重要目的的手段，但对很多有远见的企业来说，利润不是目的，它就像人体所需要的氧气、食物、水和血液，这些东西不是生命的目的。但没有它们，就没有生命。
>
> ——吉姆·柯林斯
> 《基业长青》

7.9 挖利润不是竭泽而渔、杀鸡取卵

在挖掘利润空间的工作中，必须注意工作方法，必须走下去深入了解具体情况，绝不能闭门造车。我们要追求的不仅仅是提高当期利润，更要为企业长期健康发展考虑和积累，必须同时提高公司的经营素质，绝不能竭泽而渔、杀鸡取卵。比如，绝不允许为降低成本而损失质量、降低标准，必须找到能具体落地的利润空间、目标和方法，能推动落实，而不是高谈阔论。

来源：《周厚健董事长：企业做大重要，但"做精""做久"更重要！》，海信时代总第781期，2021.11.22.

7.10 "坏利润"是毒品，一旦迷恋就没有未来

"坏利润"是那些扭曲海信"诚实正直"的核心价值观、背离"国际知名企业"的发展目标、侵蚀"信诚无限"的品牌承诺，刻意降低工作标准、影响企业经营安全、危及消费者利益、透支海信未来所换取的利润。

"坏利润"是毒品，一旦迷恋，海信就没有未来。原因很简单，降低标准、以不诚信的手段欺骗消费者，甚至违法违纪以达到降成本的任何企图，客观上都瓦解和丧失了技术进步、管理提升、价值创新的艰苦努力，伤害的恰恰是信任你的人，其结果都是抹黑海信声誉、葬送海信前途、扼杀海信未来。

"坏利润"严重损害海信树立诚信的经营理念，偏离了恪守诚信的经营行为。因此，我们必须认真检点员工关系、商家关系、合作伙伴关系、消费者关系以及企业内部管理的各个环节，有则改之，无则加勉，坚决与不诚信划清界限，坚定不移地剔除"坏利润"，态度坚决地将今后刻意追求"坏利润"的任何行为和任何人剔除出海信。

工作要落脚在企业用工和员工待遇上、合作与合作伙伴

的选择上、对社会和消费者的诚实守信上、工作环境标准的提升上。首先明确企业定位：海信必须成为境界高、层面高、受人尊敬的企业。这个境界和层面包括员工、股东、合作商以及政府，我们必须以诚相待且对"善"满怀敬畏之心。我们必须牢记：安全重于利润，发展重于近利。

剔除"坏利润"，首先要剔除企业内部的"坏做法"，要善待员工，要善待服务商、供应商、合作商。只有善待员工，员工才会善待顾客。善待员工首先要给予其匹配的薪酬，对员工收入的定位即是对员工素质的定位，对员工素质的定位即是对企业生命力的定位。善待合作者才能得到高质量的产品和服务，这决定了我们产品的质量和用户满意程度。善待就必须支付较高的价格。

要建立洁净有序的场所与环境，包括工厂、车间、办公室、仓库、维修车间的内外环境。有什么样的环境就有什么样的工作标准，因此，"差环境"就意味着你在寻求"坏利润"。

必须通过明确企业定位、确定企业标准、制定实施办法、分解系统措施，层层落实责任，做到剔除"坏利润"没有死角。

来源：《"坏利润"是毒品，一日迷恋就没有未来——周厚健董事长：坚决剔除利润》，海信时代总第640期，2013.04.15。

7.11　财务是透明管理，不能掩盖任何问题

海信追求财务管理的透明，不掩盖任何问题，每季度都要进行大范围的财务分析。有的公司认为经营不好，面子上过不去，这是在掩盖错误。掩盖第一个错误，就会犯第二、第三个错误，继续掩盖就会犯更多的错误，等想改变的时候，已面临了很多的错误，为时已晚。所以有问题就挖出来，把压力传递下去。如果有谁造假，压力也由他承担。压力是往前走的重要条件，这是财务透明管理的优势，而且有利于立足自我纠偏。让大家说话，这是海信文化的特点。

来源：《周厚健：要给明天留下空间》，内部资料，2006.06.15.

7.12　财务必须深入业务，不是总经理交代什么才做什么

财务的职责是筹钱用钱，财务一定要深深介入业务中，不介入业务的财务不是好财务。要注意一定不是总经理交代什么才做什么，而是财务要有方案，告诉总经理有好的做法，供其选择和决策。

没有风险就没有利润，一定要想明白为什么能获得比社会平均利润高的利润，如果不明白，则风险很大。找不到答案，钱就来路不明，就有风险，就像理财一样，都想获得

高回报，这是一个很本质的问题，本金本身从法律上是没有保障的。赔掉的风险是有的，赔掉了没有任何理由找任何人。

来源：《经营分析会上周厚健董事长的"经管课"：今天的积累昭示着明天的利润》，海信时代总第707期，2016.03.30.

7.13 财务不等于经营，会计不等于财务

财务人员要成为组织里班子的"好帮手"，成为公司的"好管家"，要充分认识并很好发挥这一定位。海信需要的是优秀的经营者，优秀的经营者需要"好帮手""好管家"。财务很重要，会计很重要，但很多财务把自己做成了会计，只管汇总数，读不懂数据背后的逻辑，读不懂数据背后的因素。会计的重要性在于能够提供准确的数据。财务的重要性在于把数据之间的关联关系建立起来，把那几张表做好。经营是什么呢？经营是把这几张表背后的要素读取出来，抓取出来，然后让要素匹配好，去实现规模和利润最大化。

做一个优秀的财务负责人，立足数据是非常正确的。但立足数据，更要读懂数据背后的逻辑和关键因素。读不懂的话，就把自己变成了会计，变成了核算。

来源：《贾少谦总裁在财务干部例会上的讲话：找准角色定位干你该干的事，你的价值完全可能放大五倍、十倍！》，有信，2020.12.21.

7.14　费用是否该花，应以如果是自己的钱会不会花来衡量

费用是否该花，应以如果是自己的钱会不会花来衡量。尤其是技改费用和广告费，不把好关，会给企业造成巨大的浪费。如果每个岗位都能做到审过的东西不要别人再审，确保没有问题，企业的效益和效率就都得到保证。

来源：《要有"制造世界第一"的雄心——周厚健董事长调研黄岛产业园各公司》，海信时代总第690期，2015.06.23.

· 第四篇 ·

海信的干部准则

要想成就某项事业,就必须成为能够自我燃烧的人。

——稻盛和夫
《干法》

第 8 章

干部的使命与责任

领导者的挑战在于如何动员大家想要在组织中成就卓越。领导者要通过实际行动，把价值观化为行动，把远景化为现实，把障碍化为创新，把分裂化为团结，把冒险化为奖励。

领导者面向未来，他们的工作是变化的。领导者最重要的贡献不是组织当下的盈亏，而是组织和人员的长期发展，使得他们能够适应、改变、成功和发展。

领导者的行为对人们的承诺和动机、工作绩效，以及组织成功产生深刻而积极的影响。卓越的领导者需具备五种习惯行为：以身作则、共启愿景、挑战现状、使众人行、鼓舞人心。领导者越频繁地践行卓越领导的五种习惯行为，就越有可能对他人和组织产生积极的影响。

虽然卓越领导的五种习惯行为并不是领导者和他们的组织获得成功的唯一原因，但很明显，领导者是否践行这些习惯行为的结果确实大不一样。领导者的行为非常重要，在很大程度上决定了组织的成功。

——詹姆斯·M.库泽斯　巴里·Z.波斯纳[15]
《领导力：如何在组织中成就卓越》

15　詹姆斯·M.库泽斯，汤姆彼得斯公司（Tom Peters Company）荣誉退休主席，圣克拉拉大学列维商学院领导力项目执行主任；巴里·Z.波斯纳，圣克拉拉大学列维商学院前院长。

传承价值

8.1 坚守诚信，以身作则

火车跑得快，全靠车头带。干部的作风往往决定着一家企业的风气。讲诚信、讲正气、讲实话、讲原则、讲公心、讲人本、讲系统、讲创新的工作作风不仅是海信干部多年形成的宝贵神财富，更是海信干部的工作准则。

来源：《周厚健董事长：50年，我们一起重温海信家风》，海信时代总第758期，2019.07.31.

干部要认真思考承诺的事情到底有没有可能实现，怎样去实现。承诺必须有支撑，更要言必行、行必果。每个人的承诺中都凝结着个人的信用，不要拿承诺开玩笑，这会影响个人的信用品质，当然更会给工作造成损失。随便承诺是在公开讲假话，这样的行为会搞坏风气。干部说大话、随意承诺，其实质是不诚实，因为其承诺时就没想到过兑现。

空泛表态、应景造势、敷衍塞责、出工不出力等成为当前形式主义、官僚作风的主要表现，也是屡屡出现预测偏差大、经营目标在层层承诺声中落空的根源。

来源：《周厚健董事长：领导如果只抓一张表，而没有过程管理，就是助长干部说假话》，海信时代总第 757 期，2019.06.03.

承诺就是责任，海信干部的优点在于有共同的目标，只要压力到位，就能干好。承诺就是责任，使得海信多次在经营形势不好的情况下，力挽狂澜，扭转颓势，实现目标。海信将干部说大话、随意承诺而不能兑现界定为不诚实。

来源：《周厚健董事长：50 年，我们一起重温海信家风》，海信时代总第 758 期，2019.07.31.

8.2 保持正直，远离"小圈子"

一个好的风气最重要的是不要形成"小圈子"。"小圈子"有两个结果，一是圈子里的人会丢掉原则，二是他们自然在感情上就和旁人疏远了，这就无法取得好的工作效果。

没了"小圈子"，也就没有了内耗，员工不需要考虑工作之外的事，诸如关系、请客、送礼、跑官这些都不存在，企业效率就会大幅提升。

来源：《周厚健董事长：风气成就了海信》，新华网，2018.03.22.

所谓"小宗派""小圈子"，就是对员工有亲疏之分，下属中存在所谓"自己的人"或"嫡系"，营造自己的势力范围。还有部分干部之间交往过于密切，并且这种密切不是有利于工作，而是不利于工作，这就是"小宗派"。对于"小圈子"的人，即使有问题，即使出现严重的工作失误，批评处理也是轻描淡写。有的干部的"小圈子"很坚实，他走到哪儿，就将人带到哪儿，就有人跟到哪儿。这种"小圈子"的存在，造成某些人虽然业绩一般，但因为"是领导的人"，能投领导所好，便受到领导的喜欢。这些人因为属于"小圈子"，往往会忽视业务能力的提高和业绩的积累，但他们在工作中仍可以享受额外的照顾和支持。顾及"小宗派"的利益，会失去大多数干部、员工的信任，挫伤更多员工的积极性，最终的结果一定是好的员工或消沉，或离开。在工作中团结的干部都是为了海信的事业发展，合作默契是为了更好地工作，而不是在处理个人关系。这也是我经常检点自己与同事相处得是否恰当的标准之一。

　　干部要摒弃"小宗派"，跳出"小圈子"。以企业为重、树立大局观，才能避免陷入"小宗派"，陷于极端自我中。干部要做好这一点，需要有与其位置相适应的素质和境界。从对企业、对员工负责的角度来看，应当提高到品德的高度来认识。保持恰当的职场距离，避免同个别人或少数人交往过密，导致对工作不力。对部下以工作准则作为衡量标准，防止任人唯亲。只有这样，才会有能人跟你共事，才会有更多的优秀员工聚在你的团队中，正如古人云，得以贤才，群贤必至。

来源：《周厚健：干部如何正确使用权力》，海信时代总第 523 期，2008.06.03.

8.3　企业一旦出问题，首先是领导层面的问题

　　企业一旦出问题，首先是领导层面的问题。对此，我们应该认真检讨自己。海信的各级领导层一定要清楚自己肩负的重任，鄙视并抵制不正之风。干部职责就是把工作做好，这也是获取利益的唯一途径，任何取悦上级的做法都是庸俗的！任何享受下级过分"关心"的风气必须打掉。健康的海信文化以及自我修复和纠正的系统能力要先于企业经营，否

则不可持续!

来源:《"警惕企业文化庸俗化"——周厚健董事长内部谈话引起大反响》,海信时代总第 698 期,2015.10.30.

干部工作能力、工作效率导致的问题,如果让一线员工加班来掩盖,就会导致后续没有改善的动力,所以要让失误的人承担责任,改进工作。

来源:《"公平、发展、效率、关怀"——周厚健董事长"指点"集团人资战略》,海信时代总第 647 期,2013.07.30.

> 要成为值得信任的领导者,必须具有坚定的信念,或者价值观、原则、标准、伦理道德和理想,它们驱动你前进。必须自愿而诚实地选择指导你行动的原则。然后,要真诚地表达内心的想法,并且用一些独特的方式,让人信服地把价值观和大家沟通。
>
> ——詹姆斯·M.库泽斯 巴里·Z.波斯纳
> 《领导力:如何在组织中成就卓越》

8.4　敦本务实，扼制官僚习气

我们有大量干部看似在维护规则，但干的事都是没有用的事；也有很多干部天天都在揣摩领导的想法，唯上不唯实。文山会海，会议效果差，走形式！工作作风简单粗暴，只求过程、不求结果等官僚习气，已经成了阻碍海信发展的危机。

干部要直面问题，讲实话、讲解决办法。与事为善，而非与人为善；允许员工"犯上"，提不同意见和想法，并允许他们失败，建立容错机制。我们要融合敢于实事求是直言的干部，鼓励他们把真话讲出来。

提升职能管理的作用和能力不意味着权力扩散。提升要从反官僚作风做起，要走出去、走下去，不断学习，了解实情，而非仅发号施令。

来源：《居安思危，将危机意识渗透到海信的各级组织》，海信时代总第 782 期，2022.02.03.

风气问题根本出在干部身上，是干部的领导方式、管理方式出了问题：项目没有结果和时间目标，工作成了"做着看"；领导干部不能严格要求下属，纵容下属不说实话，甚至对下属没有要求，不能以好的管理激励下属。

来源：《集团召开 2016 年务虚会，首要强调研发风气》，海信时代总第 712 期，2016.06.21.

8.5　敬人不是"心慈"，务实要先"当责"

敬人不是"心慈"，务实要先"当责"。官僚作风生存的根源从来都是为了"职务稳定"。那么，我们就先破除这种"稳定"。要清楚地知道："敬人敬业""务实创新"不是贴在墙上、挂在墙上的口号。面对官僚作风和形式主义，敬人，绝不是放弃工作原则满足员工私欲，甚至该管不管、该处理不处理的"心慈"，靠这种做法取得的员工满意度，分数越高，企业的灾难越大。同样，务实的首要前提是"当责"，就是做实干部职责：自我驱动、管到"底"、抓到"位"，为结果负责。

来源：《周厚健董事长：我的 2018 年，坚决清除"官僚作风"》，海信时代总第 736 期，2018.03.06.

8.6　敢于创新，愿意承担风险

创新是经营班子尤其是总经理必须重视的工作，在创新工作上，老总们由于有经营的压力，或多或少有放松创新的迹象。如果都把精力放在如何应对现在的销量上，创新就无从谈起了。公司要放手让员工创新，就要有创新意识，尤其是公司的一把手，如果没有创新意识，这个公司整体肯定没有创新意识。我们内部已经存在创新惰性了，存在对创新的淡漠了，如果一个公司整天做二次开发，这个公司的生命力不会强。尤其是我们大公司，如果整天做二次开发，在行业的位置一定会越来越落后。

来源：《创新是总经理必须重视的工作——重温周厚健董事长在"海信创新探索"讲座中的几个观点与要求》，海信时代总第 715 期，2016.08.03.

践行目标

8.7 唯实不唯上，以实现组织目标为己任

干部在工作上应该奔着目的、目标去，而不是奔着领导指令去。经营班子尤其是总经理想得更多的应该是理解企业属性，按企业规律和企业发展的需要去决策、去办事、去经营。不要只听领导的话，只听领导的话一定做不好，要清楚领导讲话的目的是什么，要学会不听领导的还能把事情做好。

来源：《周厚健董事长：50年，我们一起重温海信家风》，海信时代总第758期，2019.07.31.

执行的根本目的是企业的发展，一切对企业不利的事情都不应该被执行。对管理者和被管理者来说，绝不是领导说

一句话，你就做一件事，领导布置一个任务，你就完成一个任务。执行不是为领导而做，而是为企业而做。员工的工作是贯彻好企业的经营方针，而不是哪个领导的一句话。如果只是执行领导的一句话，而不顾企业的根本利益、企业的发展和给企业带来的负面影响，最终受损的是企业利益。

来源：《周厚健董事长接受〈中华工商时报〉采访：执行力是竞争力最终体现》，海信时代总第396期，2004.02.20。

  一个真正抓工作的领导该怎么抓——抓目标、抓过程！一个真正想干事的干部该怎么干——必须深入了解情况、找到思路和办法！把问题了解清楚、原因了解清楚，把措施制定清楚，切实支撑目标达成，否则，承诺就是空中楼阁，就是谎话，甚至成了"三拍"干部："拍脑袋"决策——不下基层了解，不搞实地调查，不用数据说话，遇事只凭脑袋"灵光一闪"，决策即出，看似胸有成竹、运筹帷幄，实则纸上谈兵，犯下和古人赵括一样的错误；"拍胸脯"保证——"拍脑袋"者决策本身就来之无凭，没有实地调查，自然说不出个所以然，只能用"豪气"来撑撑场面或临时开脱；"拍屁股"走人——"拍脑袋"而出的决策，运作起来与预期目标相去甚远，达不成预期目标，甚至劳民伤财。

来源：《周厚健董事长：领导如果只抓一张表，而没有过程管理，就是助长干部说假话》，海信时代总第 757 期，2019.06.03.

8.8 追求效益，咬住目标不放松

效率的实质就是效益，我们追求效率的实质，就是追求企业的本分——效益。我们要坚定不移地把效率提上去，而且要坚定不移地去和行业比较。我们是有目标、有标杆的，我们要照着标杆去做事情。你落后于标杆，先死掉的就是你。

来源：《我们的 2020：根除"顽症痼疾"，重塑干部自驱力，实现海信崛起！——周厚健董事长重塑干部作风专题讲话摘录》，海信时代总第 766 期，2020.04.24.

抓工作，咬住目标才能跟上去，咬住目标才能盯上去。就像长跑一样，有很难度过的时候，但咬住牙也要度过去，这样才能实现目标。

"控制"最关键的一条是盯住目标，找到偏离目标的原因。如果目标偏了，说明你的管理缺控制，没有控制就不能形成闭环，管理要求闭环的最根本环节就在控制环节。"闭环"就是要让管理实践回到管理目标上去。

来源：《周厚健董事长八条阐述点拨各公司"经营管理"（7月）》，海信时代总第 732 期，2017.07.03。

8.9　明确责任，领导只在三个时候是领导

第一个是当决策一件需要思维高度发散的工作的时候，必须决策，不能议而不决；当然，不能简单地不让发散。要有一个很民主的过程，还要有一个很集中的决策。没有这个民主的过程，最后的决策是与此无关的。所以该决策的时候，作为领导必须决策。第二个是在下指令的时候，下级必须执行。这个不要和领导讨论是我错了还是你错了，必须执行。你可以在执行的过程中，不断地反馈争议，这都不是问题，但是不能说因为质疑领导的指令，就不执行。第三个，就是当出现问题的时候，对下和对外你必须承担责任。

领导除了这三个时候是领导，其余的时候都不是领导。大家凭什么要关心你？你也关心关心别人。大家为什么老照顾你？你也照顾照顾别人。但问题往往出现在，领导时刻都觉得自己是领导，坐车的时候要给打开门，拿包的时候要给递个包，到最后，从上到下这种层级感就建立起来了，而且到了一种"迷信"的程度，最后成了一种毫不思考的"依赖"。

来源：《百年老店不是百年小铺——周厚健董事长谈企业战略和管理》，海信时代总第 598 期，2011.04.26.

8.10　快速响应，全心全意并立即行动

从某种意义上讲，企业是一个执行的团队。企业的团队水平主要体现团队的执行力，这个团队的执行力分解到个人就是执行。什么是好的执行？简而言之，就是"全心全意、立即行动"。不能做到这一点，就不可能有好的执行，团队就不可能有好的执行力，就不是好的团队。每一个员工的执行力决定着企业的团队是不是一个好的团队、是不是一个实践目标有效的团队。做一件事有好的决策未必有好的结果，如果执行得不好，这个结果可能就是错的。

要强化企业整体的执行力，作为管理团队的领袖，领导必须以身作则。所有好的领导者必定具备务实主义的特质。另外要有好的管理机制，充分体现人才的自我价值和在企业中的价值，充分实现执行力的最大程度发挥。从这个意义上讲，执行应该成为企业文化的重要组成部分。

来源：《周厚健董事长："麻木"是削弱执行力的罪魁祸首》，海信时代总第 611 期，2011.11.24.

8.11 深入一线，识别、分析并解决问题

干部的价值在于深入实际发现并解决问题，带领大家实现组织目标。当下级分解自己的工作目标不清晰，对工作中存在的问题不能及时发现，更不能去分析研究并及时解决问题时，领导却高高在上，下级就得不到帮助和指导，这样的领导干不好，分管的工作也管不好。有些干部在工作中喜欢使用权力，喜欢发号施令，而在帮助下级发现问题、分析问题、解决问题方面却做得非常少。领导不深入实际、不了解下面的工作，就不会有开展工作的思路和方法，负责的工作自然也不会有好的业绩。

来源：《周厚健董事长发表电视讲话：干部必须"往前站"》，海信时代总第 648 期，2013.08.16.

高高在上的领导作风，不仅对企业是损失，对个人也是损失。长此以往，工作实际上完全由基层来决定，甚至实际工作决策也由基层做出。如果基层长期得不到领导的指导，无法用领导的权力来汇集资源解决问题，领导分管的工作就做不好，并且每一个下级都会上行下效。一个高高在上不深入的干部，不会有工作热情高、工作责任心强的下级。这不仅会对当前的工作造成损失，也会破坏队伍的风气。干部

长期不深入、不了解情况，其自身能力也会萎缩，就会看不出问题，提不出分析问题和解决问题的思路和方法，更不会对业务有深层次的思路和考虑，自己的成长也会遭受损失。

来源：《周厚健董事长发表电视讲话：干部必须"往前站"》，海信时代总第 648 期，2013.08.16.

  干部们必须拿出大量时间到分管的工作现场发现问题、研究解决问题，而不是坐在办公室里指挥。管制造的应到制造现场；管物资和采购的应到物料现场；管质量的应到三个主要环节现场；管营销的应到市场上；管研发的应和研发人员交流；集团公司职能部门应深入各公司，研究从集团到所属公司整个职能的效率和效果，并应跨职能研究工作流程中的问题。

  干部深入一线是验证决策的需要，是了解业务、掌握实情、发现问题、解决问题、及时纠偏、闭环管理的需要，也是发现管理问题，找到问题的症结和根源，实实在在找到开展工作的有效思路和方法的需要。领导干部如果工作不深入，不了解下一层的情况，就会导致"效率提不高，新品上不去，占用下不来，革新深入不了"，"把工作做得完美"就无从谈起，企业的经营也就会越来难，越来越差。海信要求各级领导干部在工作方式和工作作风上务必深入务实，这样才能高效准确地找到解决问题的根本办法，统一大家的认识，将工作做实，不断提升管理水平和经营能力。

来源：《周厚健董事长：50年，我们一起重温海信家风》，海信时代总第758期，2019.07.31.

  管工厂的领导要深入车间、深入部室、深入仓库，通过看、听与大家交流，去发现问题，找到改进的办法。同样，管市场的、管服务的、管人资的干部也应该深入工作现场去发现问题，帮助下面解决问题。干部不善于在现场工作已经成为很坏的习惯，办公室越来越豪华，干部在办公室的时间越来越长。很多现场很不像样子，可我们的干部却没有亲自去那些混乱的现场看过，令下面的工作标准越来越低，干部标准也越来越低，工作越来越差。长此以往，企业就没有发展可言。

来源：《周厚健董事长发表电视讲话：干部必须"往前站"》，海信时代总第648期，2013.08.16.

> 沟通需要占用很多时间，很多一线经理习惯将时间用在"做事情"上面，而不愿意花时间与人沟通，这将导致由于缺乏充分的信息做出草率的工作布置。
>
> ——拉姆·查兰　斯蒂芬·德罗特
> 詹姆斯·诺埃尔[16]
> 《领导梯队》

8.12　积极沟通，实现信息、任务的互通共识

干部要通过与员工的交流来提高环境质量，创造良好的工作氛围，进而引领员工的行为，促进企业的发展。

来源：《干部在其位就要谋其政——周厚健董事长"强化研发"专题会讲话观点萃取》，海信时代总第721期，2016.11.16.

16　拉姆·查兰，当代最具影响力的管理咨询大师，代表性著作有《执行》《领导梯队》《成功领导者的八项核心能力》等。斯蒂芬·德罗特，曾任通用电气公司组织与管理发展负责人。詹姆斯·诺埃尔，曾任乔治华盛顿大学通识教育学院的助理院长、通用电气公司克罗顿维尔领导力发展中心高管培训和领导效能开发经理、花旗银行高管培训部门副总裁。

企业给员工的薪酬不仅有工资，还包括奖金和股权分红、培训、实物、体检，以及稳定的工作环境和成长平台等各种福利，有些是小公司不能给予的。我们投入很大，但很多员工没有意识到这些是福利，仅简单地看工资。这也是管理者与员工沟通不好的反映。员工的不满有时是非理性的，一部分原因在于领导和下面不沟通或没有沟通清楚，由此造成不理解，产生对立，这是工作方法出了问题。

来源：《干部在其位就要谋其政——周厚健董事长"强化研发"专题会讲话观点萃取》，海信时代总第721期，2016.11.16.

构筑能力

8.13　保持危机感，不陶醉于过去的成功

干部要对外部变化做出反应，要保持开放的心态对待科技发展的进程、经济环境的变化以及消费理念的变迁，更要有很好的学习能力，使整个经营团队不封闭、不自我、不陶醉在过去的成功当中，而且时时保持危机感和强烈的责任心，既懂得历史，又看到未来可能存在的挑战，同时还要积极抓住产业发展中的好机会，把各种因素协同起来，这样才能让企业管理团队的更迭保持相对稳定。

来源：《海信董事长贾少谦：企业家是乐观主义者，而非机会主义者》，《中国企业家》，2023.03.16.

8.14 完善管理体制，提升组织运营效率

将企业做精、做久，需要精细化管理，这离不开机制的保障。站在个体角度，人人都为企业着想、都精益求精、都是创新者，企业才能不断做精。站在管理者和职能角度，主动深入工作往前站，不断发现问题、解决问题并引入新思想、新方法、新工具，主动改善、变革，才能带动团队既提升效率、效益，又积淀管理，持续提升能力，不断开辟新天地。站在企业角度，只有管理能力和运营能力不断提升，企业才能更加健康、稳健发展，百年愿景才能得以实现。

来源：《周厚健董事长：企业做大重要，但"做精""做久"更重要！》，海信时代总第781期，2021.11.22.

交付时间是企业能力的"刻画"，是企业最重要的能力之一。交付是从用户下单开始，直到交到用户手里。交付时间越短，代表企业交付能力越强。一方面，交付时间越短，需要付出的代价和资源就越大；另一方面，交付能力不行，竞争力就不行。提高交付能力，缩短交付时间，是企业非常重要的长期能力。

想办法压缩交付时间是企业能力的追求。企业如果能缩短这一时间，则意味着能力的提高，同时还会获得更多商机，

周转会更好，商机、收入、利润和资金都会得到改善。交付时间要不断实践、比较、纠偏、提高，形成良性循环。影响交付时间的最大因素是长周期物料，要在这个瓶颈因素上下功夫。要在保证交付的同时持续提高效率。

来源：《周厚健董事长——要把"资金管理"上升到"经营革命"》，海信时代总第 743 期，2018.07.31.

8.15　干部要抓系统，而非抓细节

很多干部在日常工作中总是在忙具体的事，而没有忙事背后的逻辑。很多领导干部长期以来特别愿意抓细节，抓细节没错，但不能把细节当成系统。灰度管理不是非黑即白，我们很多时候把系统和细节混为一谈。面对竞争态势，我们首先要看大局、看大势，要看这个时代发生了什么，要抓系统。

来源：《贾少谦董事长"信印计划"第一课：变革中坚守，传承中创新》，有信，2023.05.13.

8.16　"快"不是越过程序，是要想办法缩短流程的周期

"快"是想办法把程序的周期分开，把流程的周期分开，

而不是越过程序。有的人一快就跳过程序，糊弄一下搞得很快，但那个"快"一定是要付出代价的。我们强调的是要想办法缩短流程的周期，而不能跳过流程。不跳过流程是保证不出大错误的一个办法。我们的理念、原则和流程的保证，是我们做事正确率高很重要的保证。

理念不出差错，行事的原则不出差错，遵守流程，我们就不会出差错。在做事的过程中，要经常看一看我们坚守倡导的理念到底是不是这样，我们的行事原则到底是不是这样，再看我们的流程是不是规范。实际上我们经常违背的是流程，所以法律上有一句话说程序正义和结果正义同样重要。

来源：2022年8月，海信学院对周厚健董事长的采访。

8.17　深入研究问题，优化企业管理流程

干部如果不去思考，不去深入业务，把情况、问题和原因搞清楚，则他的工作一定不会成功，即使承诺也是张口就来，其根本就是在讲假话。如果上级领导糊涂，听到承诺就高兴，只抓一个表、一个时间、一个结果，而没有过程管理，就是助长干部说假话。干部汇报工作时可以列一个表作为简明扼要的汇报材料，但抓工作时必须抓实，必须抓过程管理，必须掌握问题和原因，如此才能把后续措施制定清楚。

干部要深入研究问题，抓过程管理，杜绝浮在表面给领导一个数字、一个时间、一个表。干部要谈对企业的经营思路，包括当前的经营思路和长远看应该干什么，如果谈不出一二，就不可能干好。企业要把建立干部长期持续经营的思想放在第一位，找到上一年的不足进行纠正，为更快更健康地增长蓄势。

来源：《周厚健董事长：领导如果只抓一张表，而没有过程管理，就是助长干部说假话》，海信时代总第 757 期，2019.06.03.

8.18 好的管理就是成本低而效率高

好的管理就是成本低而效率高。换句话说，就是用更简单的方法干更复杂的事情。因此，管理体系要固化下来，管理办法要固化下来，教给所有人，有了标准化、体系化的东西，就会降低对员工能力的要求。青岛海关在介绍管理经验时，就提到青岛海关的相关管理人员 6 万字的手册都能背过，这样基本工作要求就可以满足。海信也要有这样的手册，手册的内容要让员工掌握，这样工作效率就会大大提高。

来源：《落实年终经济工作会议，通信板块会议召开——部分领导点评通信产业发展问题》，海信时代总第 487 期，2007.02.07.

8.19　重视知识积累，沉淀组织经验和教训

做企业所有的行为都要做积累，积累是做企业必须考虑的一个因素，不仅仅是在优质客户上，在一切经营和管理中，都要考虑自己的行为是不是为企业做积累。

很多人、很多企业容易忽视文本的积累。形成文本，才能形成积累；形不成文本，再好的内容也难以被执行到工作中。要形成好的管理、好的流程和机制，就一定要形成文本，并进行后续的修改和完善。

来源：《集团领导深入各公司落实年度经营工作，To 国际营销：一切行为都要为企业做积累》，海信时代总第 705 期，2016.02.23。

做好工作不是仅靠聪明，而要坚持信息和经验的积累。在工作中有想法了要把它写出来，今天写出来，明天制定你的发展纲要就用得上。写出来的东西就是积累，建立文本的目的就是积累。有了文本，还要把差的东西去掉，好的东西优化，没有文本就做不了什么。

对于档案管理，一定不要想成是一张纸的管理，档案管理实际是企业文化、客户、经营管理、财务等所有管理过程及成果的积累，具有重要意义。档案是企业的财富，当然，

如果不知道如何利用档案，光知道保存，那不是财富。要把经常想的事写下来，变成企业的规则，变成企业的工作内容，今天想一些，明天想一些，后天可能就忘了，所以一定要写下来。

海信"小"的时候，我的笔记本都分前面和后面，前面是记事的，后面是记感悟、想法和积累的。海信这么多管理办法是很多人花了很长时间积累起来的，而不是放在脑子里边。将经历中的感悟写下来也是一种积累，如果感悟不能变成办法，这些感悟就没用。

来源：《经营分析会上周厚健董事长的"经管课"：今天的积累昭示着明天的利润》，海信时代总第 707 期，2016.03.30.

建设团队

8.20　培育下属，出成果的同时出人才

任何一个持续发展的组织一定是在出成果的同时也出人才。海信出业绩的同时要出人才，出产品的同时要出人才，这是一个不断演进和重复的过程，这样海信才能是一个持续成长的组织。只出成果，不出人才，这个组织一定是短命的，不管你的成果有多好。

来源：《周厚健董事长出席多媒体研发组织架构和研发流程调整宣贯并强调：研发要出成果，更要出人才》，海信时代总第731期，2017.05.31.

海信把管人的（从事管理的部长们、经理们）和管事的（从事专业技术工作的人员）分开，从两个通道往上走，希望

从事专业技术工作的这批人不仅能往上走，而且能走得很高。人往高处走，但不一定要往仕途上走得很高（实际在企业内没有真正的仕途），业务能力很强的人照样能在专业上走得很高。否则，技术专家人数将会越来越少，专业水平会越来越低。

此外，要注意培养一些在技术上有前途的人，不要让他净去打那些短平快的项目。研发部门的负责人要提高认识，要立足研发机构不仅要出产品，而且要出人才。只有经常出人才，研发中心才能越做越大，越做越好，才能有后劲，这才是长远思路。

最后，要培养一些有开发功底、精通制造工艺、精通市场、懂财会的人。这样的人可能数量并不多，可能承担的课题并不多，但对企业产品规划和改进产品有重大作用。

来源：《重温周厚健董事长在 2002 年技术创新体系宣贯会上的讲话》，海信时代总第 757 期，2019.06.03.

优秀工程师应当争先恐后地担任项目负责人。对研发人员来说，担任项目负责人是很重要的成长机会。这是一个提升市场意识、提高技术水平，尤其是拓宽知识面的重要机会，也是提升管理能力、锻炼带领团队的能力、提升跨部门协调工作能力的重要机会。一个企业在出产品的同时要出人才，这就是出人才的过程。要出高水平的项目，项目负责人不懂技术，是很难想象的。

高水平的产品项目必须由懂技术的人来排头。项目总监大多是技术能力较强的研发人员，应当回到研发岗位上去，需要时应承担产品项目负责人的职责，否则就是浪费人才。浪费一个好的技术人员对企业是一个巨大的损失。

来源：《周厚健董事长出席多媒体研发组织架构和研发流程调整宣贯并强调：研发要出成果，更要出人才》，海信时代总第731期，2017.05.31.

8.21 人岗匹配，把好钢用在刀刃上

要达到同样的效果，好的管理一定是需要的成本和代价最小。研发中心中层管理者不一定要精于所有技术，把握技术方向不一定要依靠部长，而应更多地依靠专家。部长需要知道谁是专家、谁有水平、谁更能直言就征求谁的意见，进而决策。但部长必须具备好的逻辑思维、亲和力、管理性格。如果所有决策都依靠部长一人，那么最后的结果就是不得不把大量的专家用到管理岗位上。上述理念要落实体现到机制上，机制要有明确的导向，让人才在其擅长的领域能干事、干成事，使其价值最大化。

来源：《干部·用人·机制——周厚健董事长再为多媒体研发干部"调思路"》，海信时代总第 722 期，2016.12.03.

让懂技术的去做管理，好处是他能安排得很专业，但问题是这些人再也回不到技术岗位，而且这些人未必都擅长管理。我们一大批技术人员，特别是技术拔尖的人被调去搞管理，这是对技术力量的巨大伤害。

来源：《干部在其位就要谋其政——周厚健董事长"强化研发"专题会讲话观点萃取》，海信时代总第 721 期，2016.11.16.

> 实现跨越的公司的领导者首先要设法找到合适的人才（不合适的人请下车），然后决定将汽车开向何方。
> ——吉姆·柯林斯
> 《从优秀到卓越》

8.22　慎用权力机制，勇于承担责任

干部要正确认识权力和责任，权力对应的是责任，只能用于履行职责。不为履行职责，就没有权力可言，否则就是

滥用职权。企业是一个追求效率的组织，如果把监督成本搞得很大，就弱化了管理者的指挥权，就会丧失效率。这种为了制约个别人的行为而牺牲企业整体效率的做法，不是企业解决问题的思路与方式。因此，干部的认识到位非常重要，这也是整顿干部队伍的首要任务。如果通过提醒教育，认识仍然不能到位，那就必须将其请出干部队伍。

干部要正确使用权力，权力不是个人的私有财产，不能事事处处体现，更不能随心所欲用于谋取私利。权力不是为个人得到利益和享受，而是要比别人有更大的付出，承担更大的责任。权力越大，肩负的责任、使命就越大，对自己的约束也应该越强。

在工作中干部要善于授权，通过良好的沟通和运用恰当的激励方式保持员工工作热情。好的干部在工作中应勇于承担责任。好的干部应该是一个老师，是一所学校，重视下属的成长，给下属以指导和培养，通过潜移默化，带出一批优秀的骨干，推动团队持续成长，形成健康的积极向上的文化氛围。

干部不能刻意在内部宣传自己，"神化"自己，要多肯定部下的成绩，体现团队的作用。面对荣誉要把自己藏在员工的背后，把部下推到前台。整个团队的素质和业绩上去了，自然就体现出领导的价值。因此，各级领导干部在工作中要淡化个人色彩，要通过提高自身的境界素质和业绩来获得员工的认可与信任。

部分干部由于欠缺方法导致管理不力，也不善于激励部下，这是能力的问题。那些不当使用权力的干部不愿意授权，包揽了不该有的决策权；在工作中随意发号施令；甚至不喜欢副手能力强，不愿意看到下属的成长和进步，不赏识副手或下属的工作成绩，乐于将工作成绩归于自己，工作责任上推下卸。这样的干部不仅影响工作业绩和工作氛围，而且其下属难以成长，潜质和热情得不到发挥，甚至受到遏制。因此，团队成员不愿意配合这样的领导工作。如此干部是无法做出良好业绩的，更无法带出过硬的团队。

来源：《周厚健：干部如何正确使用权力》，海信时代总第523期，2008.06.03.

> 有效的管理者择人任事和升迁，都以一个人能做些什么为基础。所以用人决策，不在于如何克服人的短处，而在于如何发挥人的长处。
> ——彼得·德鲁克
> 《卓有成效的管理者》

8.23 激励机制是管人的根本机制，权力机制是辅助机制

研发部门管理干部不能果断决策是因为与客户交互不够，不能准确把握市场需求；研发部门管理干部不学习管理、不认为管理是一门科学、凭经验管理，很容易滋生官僚气息。抓研发风气，一抓干部，二抓机制，说到底就是抓管理。机制抓不好，原因是干部不学管理、不思管理。当干部就是两条：一是出主意、定战略、定目标；二是用人，要善用激励机制，调动人的积极性。激励机制是管人的根本机制，权力机制是辅助机制。干部使用权力机制远远大于其他机制就是不学习管理的结果。提出变革的想法、制定变革的目标、推动变革的实施，是管理者最起码的素质。

来源：《集团召开2016年务虚会，首要强调研发风气》，海信时代总第712期，2016.06.21.

做管理，根本上是管人，管人就是用人，在这个过程中与人为善非常重要。营造一个好的环境至关重要，好的环境能把人善良的一面激发出来，不好的环境则会把人丑恶的一面激发出来。而要想把人用好，还要通过两个价值最大化来实现，即个人价值最大化和企业价值最大化，让员工真正热爱企业。

来源：《周厚健董事长谈管理：管理的根本是管人，管人就是用人》，海信时代总第642期，2013.05.20.

人才不足是一个很笼统的问题，它包括人才规划、招聘、培训、激励等多个方面。仅仅招聘到好的人才是不够的，还需要有一个好的机制与氛围。有了好的激励机制，才能挖掘出员工的潜力。从氛围上来说，海信招聘到了很多优秀的实验室人才，但实验室人才和市场思维的对接是个问题。企业是以成败论英雄的，产品到了市场换不来消费者愉悦是不行的，因此创造良好的企业氛围、以业绩为导向就变得很重要。从长期来看，企业依靠系统更加安全，比依靠个人更加可靠。我相信系统，相信一群人的力量。

来源：《正确面对互联网企业的挑战——周厚健董事长接受媒体专访摘要》，海信时代总第658期，2014.02.21.

8.24 "唯我独尊"将断送企业未来

大家的智慧总和一定比一个人的智慧高明。我们是在搞经营，在决策上，一定不要什么事都自己拍板，那样虽然效率高，但出错的概率大，因为"我"掌握的信息与客观情况并不对称，如果是三个人、五个人，掌握的信息与客观情况可能就更接近。

来源：《经营分析会上周厚健董事长的"经管课"：今天的积累昭示着明天的利润》，海信时代总第707期，2016.03.30.

  与"唯上是从"相反的是"唯我独尊"——决策全部以"我"为准、团队成员均成附庸。"独尊"带来的贻害包括创新迟缓、氛围压抑、员工不自信，主动性、能动性被阻碍……这种现象如长此以往，就会极大地扼杀人才的培养，严重者将断送企业的未来。"敬人"是海信企业文化的核心。领导者的最大职责就是发现、培养、激励组织里的每一个人，使其成为人才，打造组织完善的人才梯队，保持组织良性发展。

来源：《周厚健董事长：50年，我们一起重温海信家风》，海信时代总第758期，2019.07.31.

8.25　重视学习管理，提升管理专业性

  研发干部要通过管理出效率、出成果。研发干部往往认为管理没有专业性，没有什么可学的，认为科技才叫专业。因此，我们有不少技术管理者不信管理，不懂管理，不学管理。

管理出效率，管理出成果，这是企业的追求。不少研发干部权力用得多，激励用得少；批评用得多，指导用得少；朝令夕改多，一以贯之少；个人权威用得多，组织管理用得少；碎片指令用得多，系统管理用得少。这样当然管理效果和效率都会差。其根源就是不信管理，进而不学管理，导致不懂管理。

技术管理干部相信管理、学习管理，工作成果才会更好，操作的资源才会更大，聪明才智才能得以更好地发挥。技术管理干部应该多读点管理的书，通过管理形成机制和氛围，引导大家学习管理，这对整个研发中心的发展定有裨益。研发人员不关注市场就是不关注自己的价值。作为研发人员，要知道你的成果是通过产品在市场上体现出来的。不关注生产销售，就没有改进的信息、机会和条件；不关注用户反映，就不知道你的作品好不好。不关注市场，就是不关注你自己的价值，会错过自我提升的机会。这就像一个影像大夫，只在屏幕上、片子上看影像，是永远成不了好大夫的。好的影像大夫要跟到临床，跟到病理室，跟到手术室，去验证自己的判断，去掌握什么样的形态对应怎样的病。坚持下去，你就比别人优秀，大专家、好大夫就是这样做成的。

来源：《周厚健董事长出席多媒体研发组织架构和研发流程调整宣贯并强调：研发要出成果，更要出人才》，海信时代总第731期，2017.05.31。

8.26 不做"老好人",淘汰人是"责任心"

　　淘汰工作做得不好,根本原因是干部的"老好人"思想,责任心不到位。淘汰、晋升都是企业要做的,是责任使然,但淘汰一个人远比晋升一个人难。淘汰一个人很残忍,但是从企业角度来看,淘汰是必需的,这利于海信的发展,利于提高海信队伍素质。如果公司优劣不分,给懒人、庸人创造条件,就是对优秀员工的打击,是企业作为竞争组织最大的不公。如果不能按照工作业绩把一些人淘汰掉,这个群体就不能向上,不可能有热情。员工不向上,如何谈企业竞争?有没有决心建设好激励机制、能否严格执行激励机制,关乎企业的生死,不能拿企业的利益、拿这么多员工的利益开玩笑。

来源:《"公平、发展、效率、关怀"——周厚健董事长"指点"集团"人资"战略》,海信时代总第 647 期,2013.07.30.

第 9 章

干部的品格与精神

无论是创建风险企业，还是继承原有的事业，让事业走上轨道，促使它成长发展，乃是经营者的第一要务。要抱着"无论如何都要让事业成功"这种强烈的愿望去工作，在这一点上做到极致。这种强烈的意识类似于格斗时必须具备的"斗争心"，缺乏这种"斗争心"的人，首先就不适合当经营者。相反，只要具备这种意识，哪怕资金、技术、人才不足，都可以靠热情和执着的信念加以弥补，可以让事业获得成功。

有了这种强烈的愿望，接着就是"付出不亚于任何人的努力"这一条了。努力的重要性众所周知。"付出不亚于任何人的努力"这句话非常关键。在工作中想要做成某件事情，就要不惜付出无穷无尽的努力。不肯付出超越常人的努力，却想获得很大的成功，那是绝对不可能的。

付出以笔舌难以道尽的辛劳，勤奋努力，拼命奋斗，守护公司，守护员工，守护社会，感觉到自己在做这些好事的时候，经营者同时也能感觉到喜悦和快乐。我认为，感觉到这种喜悦和快乐就是经营者最大的幸福。

——稻盛和夫
《干法》

敬人

9.1 敬人是海信企业文化精神的核心

"敬人",就是厚德载物的仁爱思想和人本主义。仁爱思想主要体现在公司关心员工的生活、思想、工作,促进员工与企业的和谐,营造能施展才干、心情舒畅而又人性化的工作氛围和环境。人本主义主要指以人的尊严和人的价值为本。

"敬人"对内具体表现为尊重员工的人格和尊严。尊重员工创造的价值,提倡公平竞争,不断赋予员工更多挑战性的工作目标和广阔的发展空间,达到企业和员工的双赢。

"敬人"是敬业的前提,要"敬业"首先要"敬人"。这是经营者、领导干部必须树立的理念。

来源:《周厚健董事长:50年,我们一起重温海信家风》,海信

时代总第 758 期，2019.07.31.

9.2 能为企业增值的只有人

资本本身不会增值，能为企业增值的只有人。人资工作不是一般的重复性工作，而是在做一项能让企业增值的工作。人资工作开展的依据是人资规划，人资部门要很好地了解企业经营和经营的阶段，根据企业经营的阶段做好人资规划。

来源：《"公平、发展、效率、关怀"——周厚健董事长"指点"集团"人资"战略》，海信时代总第 647 期，2013.07.30.

人力资源管理是经营管理的核心，人资工作一定要向经营方向靠拢，要从战略的角度考虑经营。企业就是追求利润最大化的组织，存在就是为了增值，如果人资工作不能帮助企业盈利，就没有存在的价值。

来源：《人力资源管理是经营管理的核心——周厚健董事长主持召开集团人力资源专题工作会》，海信时代总第 618 期，2012.04.01.

9.3　尊重员工既是企业的文化，又是做人的道德

解决"用工荒"不能仅靠薪酬，和谐的员工关系非常重要。和谐的员工关系是企业持续发展的根本保障，也是衡量企业员工幸福指数最有温度的指标。薪酬不是员工关系的全部，企业给员工尊严和关怀非常重要，有这样的心态和认识，在决策时才能够保证员工的工资或者基本的工资和社会平均接轨，同时还能调动员工积极性。只有能调动员工，才能让员工愿意留在企业。

来源：《周厚健董事长做客全国人代会首场网谈提出：员工关系事关"幸福指数"》，海信时代总第 595 期，2011.03.08.

企业是管人的，管理的主体、客体都是人，尤其中国的企业面对的群体是中国人，所以不能违背中国的文化来管理人群，情感的管理很重要。但情感的管理不是没有规则、没有制度的管理，关键是要因时因事，把情感和规则配合好，会使得管理更有力量。

来源：《周厚健董事长接受〈大道鲁商〉访谈内容摘录》，海信时代总第 627 期，2012.09.03.

尊重员工既是企业的文化，又是做人的道德。人和人之间不管做什么工作，相互之间都要尊重。任何一个产品都是人做出来的，如果人的心情不愉快，对这个企业非常不满，很难用心对待工作，对待产品，很可能敷衍了事，产品质量就可能出现问题。所以，尊重员工就是尊重企业，就是尊重企业的产品质量。

来源：《周厚健董事长接受〈企业家说〉专访内容摘要》，海信时代总第638期，2013.03.12。

关心员工，包括思想、工作、学习、生活等全方位的关心，为其解决困难，即使是工作之外的困难，也是你分内的工作，而不应理解为"朋友帮忙"。经济学鼻祖亚当·斯密的"看不见的手"原理指出，人都是利己的，为了更好地利己，需要取得他人的帮助，要取得他人的帮助就要利他，众多的利他便利了全社会，继而推动了社会的发展。他认为社会的发展就是这种看不见的手的力量在推动的。人是利己的，这是本能，社会发展是结果，可见这句话的核心是在"利他"上。"利他"的效力到底有多大？它可以推动全社会的发展，更不用说推动一个部门、一个企业的工作提高。

我们要明白"利他"对工作有多么重要。"吃小亏，占大便宜""吃亏是福"这些老话，实际上是讲人要甘于付出，这样才能得到。所以，利了员工就利了领导的工作、利了领导的发展，也利了整个企业。

来源：《周厚健董事长在人力资源管理体系宣贯会议上的讲话》，内部文档，2007.01.

9.4 干部要有宽广的胸怀，一切从工作出发

干部心胸狭隘，是很严重的问题，是对事业不利的问题，也是对个人发展不利的问题。这些干部中有的并不是工作不好，并不是责任心不强，而是心胸始终不能拓展开，对事心胸狭小，对人心胸更狭小。一把手、各公司班子成员、各级干部应该好好地锤炼自己的作风，好好地和同事们进行沟通，去理解别人、原谅别人，这样工作才能做好。

领导干部不仅是业务能力强的人，更应该是综合素质强的人，是能够带领团队、鼓舞士气、为员工排忧解难、共同完成团队任务的人，是人格品质相对高尚的人，是心胸相对豁达开朗的人，是能够吃苦在先、享受在后的人。否则，就不配当领导。

由于干部选拔更多地注重个人业绩，注重业务能力，某种程度上忽略了领导者综合素质的考察，有一部分干部不能容人、排除异己，揽功推过，荣誉和好处自己领受，出现错

误推给部下承担，用权力压制多于用人格魅力、亲和力和影响力，这些都是领导能力素质低下的表现。久而久之，员工工作积极性下降，害怕被考核而被动干事，多于有激情和乐趣地主动干事，缺少一种光荣感和使命感。如果得罪了领导，整天担心被"穿小鞋"，哪还有心思全身心地投入工作。领导不仅仅是被赋予一种权力，更是一种责任，是一门艺术，是对人格品质、为人处世、协调沟通的综合考验。

来源：《从一名研发人员给周厚健董事长致信求助看——海信领导干部要有胸怀》，海信时代总第489期，2007.03.01。

领导干部如果没有宽广的胸怀，则很难与大家合作好，也很难从困境中走出来。心胸和眼界是相互影响的，如果长此以往，必将影响决策。工作中不可能没有分歧，但是把分歧变成个人恩怨暴露到下面，则是心胸狭小导致的对人、对己的"不负责任"。所以一个睿智的干部，一个聪明的人，应该懂得怎样和大家相处，怎样敞开胸怀和大家真诚交往。工作中不可能没有分歧，但分歧也仅是为了工作，不能把它转为个人恩怨，更不能对下面表达对某某人的不满，甚至去拆某某人的台。

来源：《周厚健董事长在海信集团2003年经济工作会议上的讲

话》，海信时代总第 369 期，2003.02.17.

9.5　鼓励与批评绝不冲突

工作中有问题是要批评，但千万不要忘记鼓励，这是改善氛围调动员工积极性的重要方法。组织行为中有一个很典型的试验。著名心理学家罗森塔尔曾对 1～6 年级学生进行智力测验，从中随机抽选 20% 的学生，并告知这些孩子以后是很有发展潜力的，一段时间后发现这些被随机选中的学生成绩进步很大，且变得十分自信、积极。由此得出这样的结论：激励会使学生的学习成绩和行为表现向符合该期望的方向发展。对成年人同样如此，激励会使其更加努力，会使其增加信心，这些都会使我们的工作做得更好。

来源：《周厚健董事长在人力资源管理体系宣贯会议上的讲话》，内部文档，2007.01.

敬业

9.6　努力是一种文化，自始至终不能搞混乱

　　从古至今，不努力就成不了事。爱迪生讲，天才就是1%的灵感加上99%的汗水。灵感很重要，但是一定要知道，如果没有99%的努力，就不会有成就。不管是中国的传统文化，还是印度的传统文化，都十分肯定努力。印度《五卷书》里面有一句话：不努力连芝麻也榨不出油。一个人不努力怎么能做成事？海信的干部不努力，肯定做不成事。

　　"我是领导，我在企业里面要最努力"，如果每个公司领导都有这种认识，整个公司的风气就带起来了，整个集团的风气就带起来了。努力是一种文化，一个企业要有这种文化。我们需要注意这个问题，好的东西是不能搞混乱的，就像努力这种作风，自始至终不能搞混乱。

来源：2022年8月，海信学院对周厚健董事长的采访。

> 要取得事业和人生持续的成功，有两个条件：第一是你要做一个好人，第二是你必须付出不亚于任何人的努力。这样就会实现自助人助天助，你自身的潜力可以充分发挥，你周围的人由衷地支持你，你的成功将不可阻挡。
>
> ——稻盛和夫
> 《活法》

9.7　做使命型干部，而不是任务型干部

使命型干部是为了使命在干，为了责任在干，而不是为了任务在干。任务型干部不是好干部。有人说"任务型的干部执行力强"，不是的，一个人只盯着任务去执行，一定是机械地执行，而不会创造性地执行；而使命型的干部，领到任务以后会分析"领导给我这个任务的目的是什么"，然后创造性地执行这个任务，会实现得更好，这就是使命型的干部和任务型干部的区别。

来源：《干部在其位就要谋其政——周厚健董事长"强化研发"专题会讲话观点萃取》，海信时代总第 721 期，2016.11.16.

干部心中要始终装着使命和目标，要有亮剑精神，亮出干部的气势和胆略。在电视剧《亮剑》中，赵政委受伤住院后，李云龙去看他。李云龙把平安县城打下来，赵政委对此反思，并讲道："如果我是独立团的团长，我很可能把独立团带成一个遵守纪律的模范团，这样的团队，绝不会干出圈的事，会坚决地执行上级的命令，这都没问题。可遗憾的是，这样的团队，未必是一支强悍的部队、一支嗷嗷叫的部队、一支拖不垮打不烂的部队。"因为，"你无法想象，一个由乖孩子组成的团队，能和像狼一样凶狠的对手过招"。独立团之所以能有打下平安县城这一大胜仗，正在于其亮剑精神。"一个剑客高手和咱对阵，就是明知是个死，也要亮剑，倒在对手的剑下不丢脸，要是不敢亮剑，那才叫丢脸！"

来源：《周厚健董事长：50 年，我们一起重温海信家风》，海信时代总第 758 期，2019.07.31.

9.8 干部必须往前站，不能做鸵鸟

一个整体优秀的干部队伍，是企业发展的主要资源和核

心动力，干部胜任的文化和作风某种程度上是企业健康发展的核心能力。干部高高在上，作风出现滑坡甚至倒退，是企业发展的危险信号。

来源：《周厚健董事长发表电视讲话：干部必须"往前站"》，海信时代总第 648 期，2013.08.16.

　　干部不能够深入地了解工作，不能够往前站，不可能干好工作。美国的"波尔顿奖"和日本的"优秀企业奖"都有"领导往前站"这条评定标准。GE 公司的 CEO 杰克·韦尔奇倡导"企业管理者往前站"。"往前站"不仅是我们要求的，更是很多企业的成功经验，只有这样，领导者才可能充分了解企业情况。

来源：《2003 年经济工作会议周厚健董事长讲话》，内部文档，2003.01.21.

　　对工作能抓实、能主动靠上去，是干部很重要的素质。突破自我、挑战现状、奋斗不息，是优秀干部的标准。

来源：《转变工作方式专题会释放的重要信号，你 get 到了吗？》，海信时代总第 747 期，2018.11.12.

9.9　干部不服从分配，先打辞职报告

干部不允许不服从分配。如果不服从分配的话，先打辞职报告。现在企业竞争这么激烈，可以讲企业竞争就像战争年代打仗一样，如果调兵遣将调不动的话，我们不可能打赢。

宁可让干部离开、免职干部，也不能丧失全局，我们也不会让这支干部队伍、这种氛围、这种纪律松懈下去。在调动人的时候，需要有比较认真的情况调查，干部本人的情况、干部家庭的情况允不允许这种调离，一旦调查明白了，那么这种指令是刚性的，除非他提的问题是恰恰调查错的问题，我们应该改正，否则必须执行。

如果选择一个最合适的人干这项工作，他不去，那我只得选择次合适的人，他再不去，就不得不选择处在第三位的人，那最后干这项工作的人就一定不是最合适的，一定不会出来最好的结果。所以，干部调动不允许任何一级迁就，不要把这个问题看成是个人的问题。

来源：《2001年经济工作会议周厚健董事长讲话》，内部文档，2001.02。

求真

9.10　只会听领导话的干部绝对不是好干部

作为干部，对不合理的事情要敢提出来，要敢实事求是把问题讲出来，敢调整、敢决策，只要是拿得准的，可以"抗命"。只会听领导话的干部绝对不是好干部。干部一定不要琢磨领导是怎么想的，要琢磨按市场机制应该怎么干才对企业有利。

"一切朝上看"会害了企业。几万双眼睛，如果都向上盯着各级领导的脸色行事，以领导态度为标准，以"领导高兴"为安全，以"领导没发现"为庆幸，那么这个企业迟早会轰然倒塌。

来源：《周厚健董事长：50 年，我们一起重温海信家风》，海信时代总第 758 期，2019.07.31.

9.11 "干而不思"本质是假勤奋、真懒惰

干部，尤其是身居要职的干部"干而不思"、只等领导指令，这实际是一种"低级勤、高级懒"，是假勤奋、真懒惰，是缺少责任心、没有使命感。干部的这种行为往往有两个原因，一是真懒惰，二是附和领导，怕自己说错、干错，明哲保身。此风不改，不但影响企业文化，更将严重影响经营管理效果。

来源：《周厚健董事长：领导如果只抓一张表，而没有过程管理，就是助长干部说假话》，海信时代总第757期，2019.06.03.

"工作"是一个包含智慧、热情、信仰、想象和创造力的词。没有人应该告诉你需要做的事，要靠你主动思考。在自动自发工作的背后，需要你付出比别人多得多的智慧、热情、责任。当你清楚地了解了企业的发展规划和你的工作职责后，你就知道自己该做些什么，然后马上行动。

来源：《"干而不思"、只等领导指令，本质是"假勤奋、真懒惰"》，有信，2019.05.07.

部分干部习惯于以"肯干"代替"肯想"，以加班多"原

谅"自己业绩差。殊不知，企业竞争，勤奋、态度只是取胜的必要条件，绝不是充分条件。企业是以成败论英雄的地方，官僚作风务虚不务实、不能迅速正确决策、不能解决实际问题、不能提高工作效率，如此，企业难有能力和业绩的同步提升，就无法向股东、员工、社会交出合格的答卷。

来源：《周厚健董事长：我的 2018 年，坚决清除"官僚作风"》，海信时代总第 736 期，2018.03.06.

9.12　怕犯错而拒绝变革的干部都是不合格的

突破是一种勇气，挑战是一种魄力，奋斗是一种境界。某种程度上，这是一个群体永不停息的"激情"。这种"激情"远比"敬业"更优。从这个意义上讲，那些留恋和享受"权力"、擅长发号施令、习惯和满足于"舒适区"、怕犯错误而拒绝变革、频繁下基层却蜻蜓点水不解决实际问题的干部，都是不合格的。

来源：《周厚健董事长：我的 2018 年，坚决清除"官僚作风"》，海信时代总第 736 期，2018.03.06.

9.13　干部要想着做正确的事，而不只是正确地做事

　　正确的事就是应该做、需要做的事，正确的事不等于领导交办，也不等于自己愿意做、擅长做、喜欢做的事。正确的事一定是关系到企业当前、更关系企业未来的事，是成就一家伟大公司需要做的事情，而不是董事长、总裁提出来的事，也不是做"我"擅长、喜欢干的事情。大部分干部停留在正确地做事上，也就是完成领导交办的任务，领导未交办的未必去思考。

　　干部首先要把正确的事想明白。我们关注的是长期的事情、未来的机制，关注的是百年海信真正需要的东西。干部要敢于革自己的命，要懂得担当和责任，要在长期能力上不断投入。当干部就要解决问题，要给企业做实质性贡献，而不是陈述过去的问题、推卸责任。

来源：《贾少谦董事长考察总结会强调干部定位和四个能力：作为世界级大公司将遴选世界级人才！》，有信，2023.07.04.

　　做任何工作，干部首先要搞清楚"为什么""干什么""怎么干"的问题——"为什么"是目的，"干什么"是目标，"怎么干"是操作。但很多干部是在按照领导指令做事，而不是根据职责和使命做事。

干部没有独立思考能力，结果必然是需要更多的勤奋和努力去弥补思维上的懒惰和无能。

只有各级干部具备长期思维模式和长期思维能力，企业才能真正做到长期主义、永续经营和可持续发展。各级干部要真正从标杆的成长阅历中找到其可持续发展的、本质性的、根源性的结论，解决我们长期主义、永续经营的问题，加强可持续发展的能力。

来源：《贾少谦董事长"信印计划"第一课：变革中坚守，传承中创新》，有信，2023.05.13.

自省

9.14 倡导批评与自我批评、自我反省的企业文化

柏拉图说："内省是做人的责任，没有内省能力的人不会是个成功的人。"所以，我们要通过树立纠正干部官僚作风的企业氛围，尤其是加强广大员工的监督力度，在海信干部队伍中倡导并建立批评与自我批评、自我反省的文化导向，建立反思和改进干部作风的管理机制，否则，就意味着给纵容自己的错误留出"后门"。我们要在企业内部构建去除官僚作风、保持组织健康的"查体"平台。将干部置于同事监督之下，让大家"评头论足"。通过这些工作将真正有能力的人推到干部岗位，把"混日子"的人踢出干部岗位，尤其要重视通过正确的识别方式选拔更多的年轻人到领导岗位上。

来源：《周厚健董事长：我的 2018 年，坚决清除"官僚作风"》，

海信时代总第 736 期，2018.03.06.

9.15　持续反思，树立自我批判意识

趋利避害是人的本能，让干部、员工正确认识"利"和"害"，愿意讲实话、报实情，既需要员工的自我觉悟和制度约束与引导，也需要从集团领导到各级干部、职能部门自我反思。

其一，反思自身对诚实在海信的利害认识是否真正到位。撒谎是主观故意，而且多属品质问题。当撒谎可使工作中的问题轻松蒙混过关时，不仅经营会迅速下滑，多年坚守的诚信文化也会付诸东流。当逢事都需识别真假，海信必将功败垂成。这就是诚实在海信的利害。

其二，反思自己的工作方式是否创造了讲实话、报实数的氛围。比如，出了问题不应是先免人、只免人，而应先给其机会解决问题，解决好了则可以从轻处理或者不做处理，解决不好再严惩不贷。职能部门不能只做"警察"，出了问题应先一起找原因，想办法，指导其解决，或者一起推进解决，而不是先把鞭子抽下去，让其不敢讲实话暴露问题。过于简单粗暴的管理方式，只会得到表面的"好"检讨，但得不到有效的实质性改善。

其三，反思自身是否切实做到了"诚实正直"——实事求是，暴露问题，触及矛盾。不暴露问题的干部，其本质是不实事求是、损公利己。对干部来讲，好人主义是品质问题，

因为这是用企业损失来换取个人关系。

其四，反思自我审视、批判的意识与精神。很多领导干部和职能部门讲起问题都是别人的，即使身在其中也从不检讨自己。枪口对外指责别人很容易，枪口对内检讨自己很难，但必须这么做，否则很难抓好工作，更难扭转局面。而深入基层、深入一线往前站，就是干部从自身找差距、找根因、找办法、抓工作最有效的方法。

来源：《周厚健董事长发表新年第一篇：重申"诚实正直"，再谈"讲实话、报实数、做实事"》，有信，2022.01.03.

9.16 不把批评当作一种负担

不要把批评当作一种负担，如果我们对批评的态度不端正，后面改进的空间就有限。集团领导带头自责是为干部们树立一种认识和风气，而各公司存在的问题的症结正是干部们没有责任心的低标准、缺乏原则的袒护、但求无过的得过且过。没有干部的焦虑和自责，就没有问题的担当和解决。干部要有水平，更要有远见、有胸襟。

来源：《周厚健董事长："自责"凸显责任体系》，海信时代·年中经营会特刊，2013.07.15

第 10 章

干部的选拔与激励

企业之所以关心满意度的问题，是因为领悟到在工业社会中，恐惧不再是员工的工作动机。但是这样反而将焦点转移到员工满意度上。我们需要采取的做法是以追求绩效的内在自我动机，取代由外部施加的恐惧。唯一有效的方法是加强员工的责任感，而非满意度。

　　可以通过四种方式来造就负责任的员工，这四种方式包括：慎重安排员工职务、设定高绩效标准、提供员工自我控制所需的信息、提供员工参与的机会以培养管理者的愿景。

　　有系统而慎重地持续安排员工到适当的职位上，从来都是激发员工干劲的先决条件。最能有效刺激员工改善工作绩效、带给他工作上的自豪感与成就感的，莫过于分派他高要求的职务。只求过关就好，往往会消磨员工的干劲；通过不懈努力和发挥能力，专注于达到最高要求，总是能激发员工的干劲，但这并不表示我们不应该鞭策员工工作，相反，我们应该让他们自我鞭策。唯一的办法是提升他们的愿景，把焦点放在更高的目标上。

　　　　　　　　　　　　　　　　　　——彼得·德鲁克
　　　　　　　　　　　　　　　　　　《管理的实践》

干部选拔

10.1 选对人比培养人更重要

人才是唯一能够增值的资源,"选对人才、用好人才"是企业竞争力的根本,而"选对人"又是重中之重。一旦选错了人,不仅付出了无效成本,付出了工作质量的代价,更主要的是他会致使企业浪费时间、丢失商机。

用人要与做的项目吻合起来。不能用低端的人才做高端的项目。哪些方面的工作还缺哪些方面的人才,要做到组织落实。

来源:《周厚健董事长:选对人比培养人更重要》,海信时代总第 673 期,2014.10.20.

控制费用的增长,抓费用的效率,这是企业属性使然。

但在工资问题上，海信处理过该给员工涨工资而没涨或打折涨的干部，但从来没有处理过给员工正常涨工资的干部。只有"人"才是增值的，没有"人"企业是不会发展的。人不行，再便宜，那是"费用"；人行，再贵，能创造出比他自身费用更大的价值，就是"利润"。

来源：《干部在其位就要谋其政——周厚健董事长"强化研发"专题会讲话观点萃取》，海信时代总第 721 期，2016.11.16。

10.2　一把手的四个要求：逻辑、管理性格、凝聚力和学习能力

一是逻辑，二是有管理性格，三是有凝聚力，四是学习能力，有这四条，才能带领干部、员工实现目标。管理性格是要准确、果断决策，执行力好，绝不是武断、鲁莽。要倾听他人意见，善于调研，并能先他人，超前改变，提前思考。

来源：2022 年 8 月，海信学院对周厚健董事长的采访。

10.3　选拔干部，境界第一

从实践看，境界低、觉悟差的人往高处走，不仅影响氛

围,也影响创新和承担难度大的项目的推进,因此,选人,境界很重要,无论是技术干部(专家)还是管理干部,需要具备的素质是有境界、有使命感、有责任心、有追求、有目标。有境界是指脑中不是只有"我"字,要关心别人,肯于付出,为人大度,作风正派。脑子里只有一个"我"字是没有境界的表现,这样的人不配做干部。

干部的境界要让大家来评价,而不是少数人来评价。对于技术好、业绩好,但境界低、觉悟差的人,可以给他钱但不能给他权。对一个组织来讲,团队的氛围是最重要的,而团队氛围典型是组织的领导者或管理者引导的。干部境界低、觉悟差不仅影响氛围,而且会带坏团队。

来源:《干部·用人·机制——周厚健董事长再为多媒体研发干部"调思路"》,海信时代总第722期,2016.12.03.

有思路是选拔干部的重要标准。从干部的考察使用上严格把关,真正选择那些有思路、有思想的干部到岗位上去。

来源:《今天的生存,明天的发展——周厚健董事长在"年中经营圆桌会"上的论述》,海信时代·年中经营会特刊,2013.07.15.

10.4 "责任心"是选拔和任用干部的首要条件

"责任心"必须作为全体管理者应该具备的最基本的素质，"责任心"也是选拔和任用干部的首要条件。各级干部必须忠诚敬业、诚信为本、务实肯干、团结协作，服从海信发展大局，直面矛盾和困难，以身作则，勇于担当，严于律己，在企业发展中发挥应有的作用。

损公肥私、隐瞒问题就是对股东、对企业甚至对自己的不负责任；依据企业的规章制度用好手中的权力，是为海信负责，更是为自己负责，为自己的家庭负责！

来源：《周厚健董事长：50年，我们一起重温海信家风》，海信时代总第758期，2019.07.31。

10.5 干部要有认知力、行动力、创造力和引领力

干部要打破认知、快速行动、提升站位，做到创新引领。认知力是客观评价自己、社会、时代与同行，包括自身优缺点、路径等。打破认知，打破坐井观天、闭门造车、故步自封状态，就是进步。干部要知道大势是什么，清醒地认识自己、认知世界、认知时代，看到我们所处的环境。很多人沉浸在过去的成功中不能自拔，认知力跟不上，总是依靠过

去的经验做未来的事,这是认知出了问题。我们的一些干部非常努力,但就是不抬头看路,只顾低头拉车,陶醉在自我状态中感觉良好,甚至当别人让其抬头时还拒绝,这就是思维模式的固化。

行动力就是大家有了感触收获后,就要抓紧形成行动方案,制定目标、时间节点投入、产出等。干部不要夸夸其谈,要用数据、行动方案、结果讲话,不要把自己当成一个"事后诸葛亮",更不要当成一个评论家,看到了就要赶快行动。

创造力就是做前面没做过的事,开创前面没开创的历史,如果只做别人做过的事情,只会永远泯然众人。传承、坚守本身很重要,但五年前的环境、假设条件和今天的目标、假设条件完全不同,只有创业才有出路。每个干部都应该是一个发动机,是自带动力的动车组,大家一起往前跑。企业越来越大,越来越国际化,仅仅依靠哪一个人或某一层级的人是不可能的,靠的是每个区域、每个职能、每个层级的人的集体智慧和自驱努力。

引领力就是要敢于创造前所未有的、引领行业和世界的决心和能力。要在世界的舞台上竞技,必须像一家世界级的大公司一样运行,每个干部的言谈举止、对世界的洞察以及对行业的认识,代表的都是公司的水平。世界级的大公司要建立世界级公司的治理结构,要遴选出世界级的人才,打破平庸,让平庸者、躺平的干部退出去。

来源：《贾少谦董事长考察总结会强调干部定位和四个能力：作为世界级大公司将遴选世界级人才！》，有信，2023.07.04.

  一个方针目标的实施是由上而下的，是各个环节的有机结合，如果集团层面缺乏贯彻执行能力，企业的经营方针目标是永远不会贯彻到底的。所以海信的干部，当在工作中确定一个思路时，必须同时想到如何执行；当确定一项工作时，必须关注操作和执行的办法。

来源：《周厚健董事长接受〈中华工商时报〉采访：执行力是竞争力最终体现》，海信时代总第 396 期，2004.02.20.

干部激励

10.6 激励机制必须有奖有罚

　　管理的客体主要是人，管人最有效的办法是激励机制，不是权力机制。所以要多研究激励机制，将其固化下来。不能办法不变，只重复试验。不能只做领导交办的工作，要深入基层了解员工需要什么，设定激励机制。激励是通过对员工正确需求的刺激，调动员工积极性和创造性，从而保证其所在组织的持续发展。

　　对人的激励必须有一个奖惩机制，要能上能下。这对被淘汰的人也许残忍，但如果不淘汰，就是对企业和其他努力工作员工的残忍。

来源：《"公平、发展、效率、关怀"——周厚健董事长"指点"集团"人资"战略》，海信时代总第 647 期，2013.07.30.

> 对待以知识为基础的新产业能否成功，取决于在多大程度上吸引并留住知识分子，激起他们的斗志。这就必须通过满足他们的价值观，提高他们的社会地位，给予他们社会性的力量，使他们能够大显身手。
>
> ——彼得·德鲁克
>
> 《下一个社会的管理》

10.7　让技术能人、高人的工资有充分的上升空间

要打通并用好双通道，使优秀的研发人员有充分的上升空间。技术人员做到一定的程度就往管理岗位上走，那是因为觉得干技术没有前途。所以必须让技术能人、高人的工资有充分的上升空间，甚至超过高层管理者。这样技术岗位就会稳定下来。

来源：《干部在其位就要谋其政——周厚健董事长"强化研发"专题会讲话观点萃取》，海信时代总第721期，2016.11.16.

10.8　没有不干的群众，只有不干的领导

领导该决策时却迟迟不决策，会让大家信心丢失、信任

丢失，潜移默化地影响工程师不愿意做技术，或者不愿意潜心做技术。没有不干的群众，只有不干的领导。整顿应该从领导着手、从干部着手，而不是从基层的工程师着手。

来源：《干部在其位就要谋其政——周厚健董事长"强化研发"专题会讲话观点萃取》，海信时代总第 721 期，2016.11.16.

10.9　人才不流动就易"腐朽"

人力资源队伍一定要有一定比例的流动，如果人才不流动，就容易"腐朽"。在现有环境下，考评强制分布的目的就包括适当的人员流动。一个企业要发展，其队伍整体素质要提高。提高队伍素质不是依靠每个人一起往前走，而是一方面要靠大家水平的提高，另一方面淘汰不行的人员，引入可行的人员来替换。企业不能只从感情上考虑，各公司、各级干部要从道理上想明白，坚决把强制分布机制贯彻下去，坚决淘汰不合格的人员。

来源：《人力资源管理是经营管理的核心——周厚健董事长主持召开集团人力资源专题工作会》，海信时代总第 618 期，2012.04.01.

/ 结语 /

　　价值观是企业实现愿景与使命所必须遵循的最基本的信念和准则,是企业安身立命之根本。在海信50多年的成长蜕变过程中,以周厚健董事长为代表的一代代海信人为海信攒下了最宝贵的精神财富和殷实的家底,那就是诚实正直的企业文化、风清气正的组织氛围,以及勤奋敬业的干部风气。

　　"诚实正直、务实创新、用户至上、永续经营"是海信的核心价值观,是海信人在不确定环境中辨识航向和辨别是非的价值准则。"质量为先、技术立企、稳健经营"是海信一直以来的战略坚守。"质量为先"强调树立"大质量"观念,要知道质量不能使企业一荣俱荣,却足以使企业一损俱损,对质量的漠视就是对海信生命的漠视;"技术立企"是海信产业升级的重要支撑,不管环境和竞争的挑战多么纷繁复杂,追求技术领先一直都是海信实现规模增长的核心秘诀;"稳健经营"既不是保守,更不是冒进,而是未雨绸缪,兼顾企业近利与发展统一，海信人充分认识到，少走弯路就是捷径，稳健就要坚守底线思维。

在高度不确定性的外部环境下，企业之间的竞争正在从产品竞争、技术竞争、商业模式竞争向企业文化之间的竞争延伸，谁能在竞争中取胜，最终取决于企业文化的卓越度。价值观是企业文化的内核，而文化是孕育组织健康成长的土壤，对经营与变革具有重要的支撑作用。文化的土壤肥沃，经营或变革的果实就丰硕；文化的土壤贫瘠，经营或变革的果实就瘦瘪。在追求卓越的道路上，对价值观的坚守是海信穿越周期的制胜法宝，实现百年海信的愿景，更需要以价值观为核心，打造符合经营规律的卓越企业文化。

最后，感谢本书编纂过程中提供支持的领导和同事，希望此书能够为海信在通往百年企业的道路上提供永续经营的价值坐标。

编者

参考资料

［1］艾尔弗雷德·D. 钱德勒. 战略与结构 [M]. 北京天则经济研究所，北京江南天慧经济研究有限公司，选译. 昆明：云南人民出版社，2002.

［2］伊查克·爱迪思. 企业生命周期 [M]. 王玥，译. 北京：中国社会科学出版社，1998.

［3］彼得·德鲁克. 管理：使命、责任、实务 [M]. 陈驯，译. 北京：机械工业出版社，2019.

［4］彼得·德鲁克. 管理的实践 [M]. 齐若兰，译. 北京：机械工业出版社，2018.

［5］彼得·德鲁克. 下一个社会的管理 [M]. 蔡文燕，译. 北京：机械工业出版社，2018.

［6］彼得·德鲁克. 卓有成效的管理者（55周年新译本）[M]. 辛弘，译. 北京：机械工业出版社，2022.

［7］彼得·德鲁克. 人与绩效 [M]. 闫佳，译. 北京：机械工业出版社，2018.

［8］达夫·尤里奇，等. 通用电气案例："群策群力"的企业文化 [M]. 柏满迎，牟禾丹，史鹏，译. 北京：中国财政经济出版社，2005.

［9］稻盛和夫. 创造高收益 [M]. 喻海翔，译. 北京：东方出版社，2013.

[10] 稻盛和夫. 干法（全新版）[M]. 曹岫云, 译. 北京: 机械工业出版社, 2021.

[11] 稻盛和夫. 活法 [M]. 曹岫云, 译. 北京: 东方出版社, 2019.

[12] 稻盛和夫. 日航的奇迹 [M]. 曹寓刚, 译. 北京: 东方出版社, 2019.

[13] 稻盛和夫. 心 [M]. 曹寓刚, 曹岫云, 译. 北京: 人民邮电出版社, 2020.

[14] 稻盛和夫. 在萧条中飞跃的大智慧 [M]. 曹岫云, 译. 北京: 中国人民大学出版社, 2009.

[15] 菲利普·科特勒, 迪派克·詹思, 苏维·麦森西. 科特勒营销新论 [M]. 高登第, 译. 北京: 中信出版社, 2003.

[16] 吉姆·柯林斯. 从优秀到卓越: 珍藏版 [M]. 俞利军, 译. 北京: 中信出版社, 2009.

[17] 吉姆·柯林斯, 杰里·波勒斯. 基业长青: 企业永续经营的准则 [M]. 真如, 译. 北京: 中信出版社, 2009.

[18] 吉姆·柯林斯. 再造卓越 [M]. 蒋旭峰, 译. 北京: 中信出版社, 2010.

[19] 加里·哈默, 比尔·布林. 管理的未来 [M]. 陈劲, 译. 北京: 中信出版社, 2012.

[20] 加里·哈默, C.K. 普拉哈拉德. 竞争大未来 [M]. 李明, 罗伟, 译. 北京: 机械工业出版社, 2020.

[21] 克莱顿·克里斯坦森. 创新者的窘境 [M]. 胡建桥, 译. 北京: 中信出版社, 2020.

[22] 拉里·博西迪, 拉姆·查兰. 执行 [M]. 刘祥亚, 等译. 北京: 机械工业出版社, 2021.

[23] 拉姆·查兰, 等. 领导梯队 [M]. 徐中, 林嵩, 雷静, 译. 北京: 机械工业出版社, 2016.

[24] 雷纳特·桑德霍姆. 全面质量管理 [M]. 段一泓, 译. 北京: 中国经济出版社, 2003.

[25] 罗伯特·卡普兰, 大卫·诺顿. 平衡记分卡: 化战略为行动 [M]. 刘俊勇,

孙薇，译.广州：广东经济出版社，2013.

［26］托克斯·库恩.科学革命的结构（第四版）[M].金吾伦，胡新和，译.北京：北京大学出版社，2016.

［27］瓦科拉夫·斯米尔.美国制造：国家繁荣为什么离不开制造业[M].李凤海，刘寅龙，译.北京：机械工业出版社，2014.

［28］约瑟夫·A.笛福，约瑟夫·M.朱兰.朱兰的卓越领导者质量管理精要[M].赵晓雯，译.北京：机械工业出版社，2018.

［29］詹姆斯·M.库泽斯，巴里·Z.波斯纳.领导力：如何在组织中成就卓越（第6版）[M].徐中，沈小滨，译.北京：电子工业出版社，2018.

［30］张洪吉，张为民.走出沼泽：对美国40个大企业经营失败的诊断[M].北京：中国物资出版社，1997.